STAMP COLLECTING

Kinder-
und
Hausmärchen

從郵票看格林童話
愛上集郵的第一本書

王華南／著

STAMP COLLECTING

**Kinder-
und
Hausmärchen**

PREFACE

自 序

　　作者在就讀成功高中一年級上學期結束時，學校發通知要在寒假閱讀指定文學作品、並繳交讀後心得報告，班上同學就相約到台北市的書店街——重慶南路去買指定書，其中一家書店的入口處櫃檯竟然有一位郵商在賣外國郵票，書還沒買卻先被花花綠綠的郵票吸引住了，看中了幾套，再看標價後，算一算扣除書錢，大概只能買一兩套，心中正在猶豫時，有的同學已經買到書要付錢了，於是趕緊問同學指定書擺在哪裡？得到答案後，下定決心，先買指定書，等到過年有了壓歲錢再來斟酌。在下學期開學之前、繳完註冊費後，就到郵票店去，當時老闆正拿了一本郵票冊介紹新進的外國郵票給客人看，當老闆指著其中一頁說：「德國的童話郵票很漂亮吧！」我的眼睛突然一亮，由於沒有標價，就問老闆一套多少錢？老闆很會做生意，說：「好學生，算二十五塊。」當時一碗牛肉湯麵只要三塊錢，我聽了彷彿感覺被電到，還好帶了壓歲錢，所以咬緊牙根買下其中圖案是灰姑娘的一套，因此成為我所收集的第一套童話郵票。

　　很幸運地考上台大商學系，在新生訓練時，各社團在體育館前擺攤子招募新社員，當時被集郵筆友社的贈送精美畫刊吸引而加入。大二時，被推選為社長，出版過幾期臺大郵刊，還參加第一屆全國青年郵展得了第二名。

　　服完預備軍官役後，正值華南銀行招考新業務員，順利考上就職，接著

當了二十五年的銀行員後申請退休，再轉到新改制的民營銀行當了將近四年的
國外部經理，才結束了金融界緊張又忙碌的生涯。以當時的物價水準而言，銀
行主管的待遇算是不錯，每年的獎金比一般中階公教人員的年薪還多，所以可
支配的閒錢也較多，經過郵友的介紹，參加過美國、加拿大、英國、德國和香
港的郵品大拍賣，當然拍到不少珍品、郵集等。退休之後，除了在國小擔任鄉
土語言教師，就開始寫作郵文，將三十多年所收集的郵品和累積得到的相關智
識分享諸位讀者，承蒙國語週刊、國語日報主編的厚愛，大約在十年間發表過
兩百多篇有關郵票中的故事文章，另外也出版過五本專題類的郵集書籍，其中
「聽音樂家在郵票裡說故事」榮獲新聞局「最佳著作人獎」入圍，「世博與郵
票」獲選為台北縣中小學推薦優良圖書、新聞局推薦中小學優良課外讀物。

　　2012年仲夏，承蒙大兒子相勛之好友介紹，作者深感榮幸、認識了「秀
威」出版部責任編輯——鄭伊庭小姐，經過評估後，再和責任編輯——劉璞先
生、主任編輯——黃姣潔小姐做融洽溝通後、取得共識，並經文編、美編人員
精心設計安排，終能成書付梓，作者在此謹向所有參與諸位致最誠摯謝意。

　　《格林童話》是一本非常著名的童話書，但是其中比較耳熟能詳的故事大
概六、七則，作者認為還有不少有趣又適合青少年的故事，又找到和故事相關
的格林童話專題郵票，於是將故事和郵票的圖案做連結，使得諸位讀者閱讀有

PREFACE

趣的故事內容、還可以欣賞精美的郵票圖案。本書共分四章：

第1章　介紹「格林童話」的作者──格林兄弟生平及相關郵票。

第2章　介紹德國郵局在1959年到1967年間，每年發行社會福利附捐郵票，圖
　　　　案題材取自格林童話。

第3章　介紹東德發行的「格林童話」故事專題郵票。

第4章　介紹紀念格林兄弟誕生兩百年而發行的「格林童話」專題郵票，圖案
　　　　以「卡通人物」扮演故事的主角。

　　　作者所選的《格林童話》故事除了趣味性，還想和諸位讀者分享其中的珍
貴教育意涵，茲舉其中五例：

一、「星星變成的金幣」中的主角是一位小女孩，將自己所僅有的少許物品幫
　　助比她更窮困的人，發揮施捨的高尚情懷而終於得到更大的福報，應驗
　　了「善心有善報」、「施比受更有福」。

二、「青蛙王」中的父王並不寵溺公主，秉持誠信理念、教導公主要言而有
　　信，公主雖然內心很不願意、還是遵從父王的指示，聽話的公主和見義
　　勇為的青蛙都得到了美好的結局。

三、「土地婆」中兩位女孩的工作心態完全不同，一位勤勞又盡本分、一位懶惰又心存僥倖，都得到應有的報酬，其內涵在闡述勤勞美德和務實的工作心態。

四、「布雷門市音樂隊」中的四位主角代表布雷門市民的四種階層（驢子代表一般勞動階層、狗代表漁民和獵戶、貓代表治安和守衛人員，公雞代表為民喉舌的議員），故事比喻四隻動物就是不願被主人控管，而強盜就是指欺壓百姓的封建王侯，四隻動物同心協力趕走強盜，則比喻全體「布雷門市民」趕走封建的王侯。故事的主旨就是宣揚布雷門市民追求民主自治的決心。

五、「漁夫和他的妻子」中的妻子因貪得無厭、不知節制，一再逼丈夫去向魚王要求更大的回報，最後一切都落空、又回到原點，故事寓意人要懂得知足和珍惜福報、不可過度貪婪，否則窮忙一場、一無所得。

　　作者亦為教育工作者一員，由衷期盼家長、師長能運用本書中有趣又有教育內涵的故事來啟發子弟、學生的向善心和引導正確的義理觀。

王華南　於2012年12月7日

KINDER- UND HAUSMÄRCHEN

CHAPTER 3

東德發行的「格林童話」故事專題　　74

STAMP
COLLECTING

CHAPTER *1*

格林童話的作者

——格林兄弟

「格林童話」是德國的格林兄弟（GEBRÜDER GRIMM）合力搜集德國流傳已久的民間故事，加以整理改編而成。哥哥名叫雅各（JACOB，德文全名：JACOB LUDWIG KARL GRIMM）在公元1785年1月4日出生於黑森邦（HESSEN）的哈瑙（HANAU），弟弟名叫威廉（WILHELM，德文全名：WILHELM CARL GRIMM）在公元1786年2月24日出生於哈瑙（HANAU）。

父親原本是一位律師，後來成為法院的裁判官。在雅各十一歲那年（1796年），父親因得了肺炎而去世，然後由母親辛苦扶養長大。他們兩人互相鼓勵、努力用功，後來都進了在馬爾堡的菲立大學（PHILIPPS-UNIVERSITÄT MARBURG）學習法律，二十多歲時，他們開始研究語言學與文字學，童話和民間故事集就是研究的最大附帶成果。

當時的德國並不是一個正式統一的國家，而是由39個公侯統治的領邦所組成的邦聯，類似東周的春秋時代。雖然各邦都使用德語，但在語法、甚至拼音有很大的差異。十九世紀初期，拿破崙率領法國的軍隊橫掃歐洲大陸，德國的諸侯曾經幾次組成聯軍對抗，但都遭到慘敗。於是諸侯和愛國志士、學者們共商大計，得到結論——「只有統一團結，才能驅逐強敵」，若要統一國家就必先統一語文，格林兄弟決心以實際行動參與振興德國的偉大行列。

格林兄弟的目標是要確立德文的文法範本，在1806年開始搜集德國從很早以前口傳下來的民間故事，希望在這些古老的故事找出德語的字源和建立新的語法系統。於是兄弟兩人經常到各地旅行，從各階層人士打聽古老的傳說，並且到鄉下拜訪老公公、老婆婆，將他們知道或曾經聽過的故事記載下來。這些故事都充滿

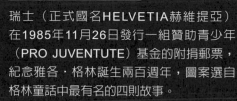

瑞士（正式國名HELVETIA赫維提亞）在1985年11月26日發行一組贊助青少年（PRO JUVENTUTE）基金的附捐郵票，紀念雅各·格林誕生兩百週年，圖案選自格林童話中最有名的四則故事。

- 面值「35＋15」分：亨哲爾與葛蕾特兄妹兩人走到巫婆的餅乾屋。
- 面值「50＋20」分：白雪公主和七個小矮人。
- 面值「80＋40」分：小紅帽看到一隻大野狼躺在祖母的床上。
- 面值「90＋40」分：王子將金鞋套上灰姑娘的右腳。

了傳奇性和趣味性，但是各地的用語不一致，傳來傳去，某些故事的情節竟然有很大的出入，只好一再比對、考證。在1812年以「兒童和家庭故事集」為書名（德文原名：*KINDER- UND HAUSMÄRCHEN*）出版第一部內含86篇故事，1815年出版第二部內含70篇故事。由於格林兄弟非常珍重這些原始資料，為了保持原有的內容，情節的敘述顯得十分嚴肅或驚悚。所以剛出版時，反應並不好，有些用語較深奧不但小孩子看不太懂，就連大人也覺得沒啥興趣。

兄弟兩人認為好的題材卻提不起大家的興致實在太可惜了，他們也很喜歡孩子，經常講其中的故事給孩子聽，而當時並沒有適合兒童的讀物，弟弟威廉想：「為何不利用有趣的題材寫成童話故事給小朋友看？或是由親長講給小朋友聽呢？否則多年的心血豈不是白費了嗎？」於是決定重新改編，刪除一些不適合兒童看或聽的情節，採用較通俗、平易的筆調和優美、口語化的詞句。在1819年出版了修訂本。此後，他們在1819年至1857年間又對故事集進行了五次修訂，出版了五個修訂版。格林兄弟從開始採集整

理到最後修訂童話，歷時四十一年，總共發行七個版本。其間，他們為採集整理童話所付出的巨大心血以及為此所表現的鍥而不捨、精益求精的治學態度，實在令人敬佩。

格林兄弟為世界兒童文學開創嶄新的風格，兩人努力的結晶成為一項最優美的世界性文化資產。「格林童話」被譯成許多不同的語文版本，嘉惠無數的兒童和家庭，格林兄弟的愛心和成就確實值得世人讚揚和景仰。

格林兄弟不僅是德國的民間文學大師，而且還是德國著名的語言學家。他們在語言學方面造諸頗深，著述甚豐，被稱為德國語言學的奠基人。雅各‧格林在語言學方面的成就更是傑出，他撰寫了四卷集的《德語語法》（*DEUTSCHE GRAMMATIK 1819~ 1837*），在這部巨著中研究了德語語法的演變，探討了德語的詞源和語音規律，確定了換音和變音、強變化和弱變化的區別，闡明了印歐語系中輔音的轉換規律。他還編寫了《德語語言史》（*GESCHICHTE DER DEUTSCHEN SPRACHE*）（1848年出版），詳細論述了德語的演變和發展。威廉‧格林撰寫了《德

‧東德（DDR德意志民主共和國之德文簡寫）在1975年7月2日發行，紀念德國科學院275周年（1700‧1975 AKADEMIE DER WISSENSCHAFTEN DER DDR），其中一款面值10分尼的圖案主題是《德語大辭典》，中左處是格林兄弟像。

‧德意志聯邦郵政（DEUTSCHE BUNDESPOST）在1985年1月10日發行，紀念雅格林誕生兩百周年以及在給亭根舉行的日耳曼學世界會議（WELTKONGRESS DER GERMANISTEN GÖTTINGEN），面值80分尼，右邊是格林兄弟像，左邊是格林兄弟編纂《德語大辭典》手稿的最後一頁。

（郵票實際尺寸：圖片尺寸=1：1.7）

・德國（Deutschland）在2012年6月14日發行，紀念「格林童話」（GRIMMS MÄRCHEN）第一部出版兩百周年（200 JAHRE），面值0.55歐元，圖案是當年發行的第一版「格林童話」原版書，德文原名「Kinder- und Haus‧Märchen」即「兒童和家庭故事集」之意，圖案是童話故事的插畫：左上是「土地婆」故事中女孩在抖棉絮、中間是「布雷門市音樂隊」故事中的四位主角——「公雞、老貓、老狗、老驢」、右上是「穿靴子的貓抓住了老鼠」、左下是「灰姑娘」故事中白鴿幫忙灰姑娘將豆子銜出來、中下是「灰姑娘」試穿金鞋、右下是「青蛙王」故事中公主在玩金球。

語古文字研究》（1826年出版）。格林兄弟自1838年開始合作編纂《德語大辭典》（DEUTSCHES WÖRTERBUCH）。該辭典中的每一個詞例均選自從馬丁‧路德（宗教改革家）至歌德（大文學家）時代的文學作品。格林兄弟以嚴謹的治學態度，在生前完成了字母A至F的FURCHT（即英文FRUIT水果）詞目，出版了該辭典的前三卷。格林兄弟去世後，後人根據他們的要求和體例繼續編纂，歷時一百多年，於1961年完成了這部極富學術價值、長達三十二卷的巨著。格林兄弟的學術著作，被公認為是德語語言學的奠基之作。弟弟威廉在1859年12月16日去世、享年73，哥哥雅各在1863年9月20日去世、享年78。●

・剛果人民共和國（法文國名REPUBLIQUE POPULAIRE DU CONGO）在1985年8月25日發行，紀念國際青少者年（Année Internationale de la Jeunesse），面值250法郎，圖案右邊是雅各‧格林像，背景是七個小矮人圍在白雪公主的旁邊。

CHAPTER 2

德國郵局在1959年到1967年
間，每年發行一套社會福利附
捐郵票，郵票圖案的題材取自
德國也是世界著名的格林童
話，共發行九組。

德國郵局發行的
格林童話系列專題郵票

CHAPTER 2-1
星星變成的金幣

從前有一個小女孩,她的父母親都已經過世了。因為她的家境非常貧窮,不但沒有房子,連一張床也沒有。一些好心的人看她很可憐,就送她一件外衣和一些麵包。由於她沒有其他的親人,內心覺得很孤單,因此決定到別的地方去謀生。

在路上,首先遇到一位老乞丐對她說:「我實在太餓了,求求妳給我一些吃的東西吧!」小女孩就將手中的麵包送給了老乞丐,並且對她說:「願上帝保佑你!」接著繼續往前走。

過了不久,她看到一個小女孩向她走過來,邊哭邊說:「我的頭好冷哦!求你給我一些東西把頭包起來啊!」她就把自己的頭巾拿下來送給了小女孩。

當她走了一陣子,看到第二個小孩走過來,是個小男孩上身沒穿衣服,被凍得一直在發抖,她就將外衣送給了第二個小孩。再往前走,遇到了第三個小孩,是個小女孩,向她要一件裙子,她將裙子送給了第三個小孩。然後又遇到了第四個小孩,向她要一件襯衫,善良的小女孩心裏想:「天已經黑了,沒人會看見妳,可以把襯衫脫下來。」於是就把襯衫送給了第四個小孩。

德意志聯邦郵政（DEUTSCHE BUNDESPOST）在1959年10月1日發行一組社會福利附捐郵票（WOHLFAHRTSMARKE），圖案主題採用「格林童話」中「星星變成的金幣」的故事情節，故事的德文原名「*Die Sterntaler*」，英文版名稱「*The Star Money*」。

· 面值「7＋3」分尼：小女孩將手中的麵包送給了老乞丐。
· 面值「10＋5」分尼：小女孩將外衣送給了小男孩。
· 面值「20＋10」分尼：小女孩將「星星變成的金幣」收集起來。
· 面值「40＋10」分尼：「格林童話的作者」格林兄弟肖像，右邊是哥哥雅各、
　左邊是弟弟威廉。

這時候，因為她將自己所有的東西都送給了別人，所以身上什麼東西都沒有了，她抬頭看到天上有很多發出亮光的星星。突然間，一顆接著又一顆的星星從天上掉下來，到了地上都變成閃閃發光的金幣，同時她的身上也披了一件料子很好的衣裳。小女孩就把地上的金幣收集起來，這些金幣足夠她一輩子過得很舒適的日子。原來她所做的善事，感動了上帝，上帝就從天上降下金幣賞賜她，這也就是俗語所說的「好心有好報」。●

CHAPTER 2-2
小紅帽

· 匈牙利郵政（MAGYAR
POSTA）在1959年12月
15日發行了一組童話專題
郵票，其中面值3 Ft的主
題是「小紅帽」，圖案：
小紅帽去探望祖母，野狼
假裝成祖母躺在床上。

從前有個可愛的小姑娘，誰見了都喜歡，最疼
她的是她的祖母。有一次，祖母送她一頂用絲
絨做的小紅帽，戴在她的頭上正好合適。從
此，她再也不願意戴別款帽子，於是大家就叫
她「小紅帽」。

一天，媽媽對小紅帽說：「小紅帽，這裏有一
塊蛋糕和一瓶葡萄酒，快送去給祖母，祖母生
病了，身體很虛弱，吃了這些就會好一些的。
趁著現在天還沒有熱，趕緊動身吧！在路上要好
好走，不要跑，也不要離開大路，否則你會迷路
的，那樣祖母什麼也都吃不到了。到祖母家的時
候，別忘了請安問候。」小紅帽對媽媽說：「我
會小心的。」

祖母住在村子外面的森林裏，離小紅帽家有一
段很長的路。小紅帽剛走進森林就碰到了一隻
野狼。小紅帽不知道狼是個壞傢伙，所以一點

也不怕牠。野狼問她要去哪裏？她說要去看祖母，野狼對小紅帽說：「你祖母住在哪裏呢？」小紅帽回答說：「進了森林再走一段路。她的房子就在三棵大橡樹下，圍著核桃樹籬笆。」野狼又說：「你為何不摘些花送給祖母呢？」小紅帽一聽覺得很有道理，抬起頭來，看到陽光照入樹木間，心想：「趁現在天色還早去摘花，應該還來得及走到祖母的家」。於是離開大路，走進樹林去摘取美麗的鮮花。她每摘下一朵花，總覺得前面還有更美麗的花朵，又向前走去，結果一直走到了樹林深處。

野狼就利用這個好時機、直接跑到祖母家去敲門。老太太：「是誰呀？」野狼回答：「我是小紅帽，媽媽叫我送蛋糕和葡萄酒來了。快開門啊！」老太太出聲：「你拉一下門栓就行了，我很虛弱，沒有力氣起來替妳開門。」野狼剛拉起門栓，那門就開了。野狼就衝到老太太的床前，把老太太吞進肚子。然後穿上老太太的衣服，戴上她的帽子，躺在床上，還拉上了窗簾。

這時候小紅帽還在摘花，摘了許多、都快拿不了，她才想起祖母，趕緊上路去祖母家。當她看到祖母家的門卻開著、覺得很奇怪，心想：「平常我都是歡歡喜喜地來到祖母家，今天怎麼會這樣害怕呢？」她大聲叫：「早安！」可是都沒聽到回音。她走到床前拉開窗簾，只見祖母躺在床上，帽子拉得低低的，把臉都遮住了，樣子非常奇怪。

她就問祖母：「您的耳朵怎麼變得這麼大呢？」野狼回話：「為了要聽清楚妳說的話呀！」小紅帽又問：「可是祖母，您的眼睛怎麼變得這麼大呢？」野狼又回話：「為了能看得更清楚妳的臉呀！」小紅帽再問：「祖母，您的手怎麼變得這麼大呢？」野狼再回話：「可以抓住你呀！」小紅帽接著問：「祖母，您的嘴巴怎麼變得這麼嚇人呀！」「可以一口把你吃掉呀！」野狼一說

德意志聯邦郵政（DEUTSCHE BUNDESPOST）在1960年10月1日發行一組社會福利附捐郵票（WOHLFAHRTSMARKE），圖案主題採用格林童話的「小紅帽」故事情節，圖案的左邊或右邊印德文原名「*DAS ROTKÄPPCHEN*」（小紅帽姑娘），英文譯名「*Little Red Cap*」即「小紅帽」之意。

· 面值「7＋3」分尼：小紅帽遇到一隻大野狼。
· 面值「10＋5」分尼：小紅帽問床上的婆婆：「妳的耳朵為什麼長得那麼長？」
· 面值「20＋10」分尼：獵人拿了一把剪刀把大野狼的肚子剪開。
· 面值「40＋20」分尼：小紅帽見到了祖母。圖案中下是一個籃子裝著一瓶葡萄酒和蛋糕。

完，就從床上跳起來，把小紅帽吞進了肚子，野狼感覺肚子很飽，又躺到床上睡覺，而且鼾聲震天。

一位獵人碰巧從屋前走過，心想：「老太太的打鼾聲好響啊！我要進去看看她是不是出了什麼事。」獵人進了屋裏，來到床前卻發現躺著一隻野狼。「你這壞傢伙，我找了很久，沒想到在這裏找到你！」獵人說完、正準備向野狼開槍，看到野狼的肚子怎麼脹得超大，突然想到，野狼很可能把老太太吞進了肚子，也許她還活著。獵人就沒有開槍，而是拿起一把剪刀，把呼呼大睡的野狼的肚子剪開來。他剛剪了兩下，就看到了紅色的小帽子。他又剪了兩下，小姑娘便跳了出來，叫道：「真把我嚇壞了！野狼的肚子裏黑漆漆。」接著，老太太也爬出來了，只是有點喘不過氣來。小

紅帽趕緊去搬來幾塊大石頭，塞進狼的肚子。野狼醒來之後想逃走，可是那些石頭太重了，剛站起來就跌倒在地上，摔死了。

三個人高興極了，獵人剝下狼皮，回家去了；祖母吃了小紅帽帶來的蛋糕和葡萄酒，精神好多了。小紅帽就向祖母告辭、高高興興地回到家，她深深體會到一定要聽媽媽交代的話：「絕對不可以一個人跑到森林裏去玩。」●

巴拉圭（PARAGUAY）為配合聯合國在1979年宣導的國際兒童年（標誌印在圖案右下角，象徵小朋友迎向光明），在1979年12月4日發行一組以「小紅帽」為題材的郵票，全組共九枚。

· 面值Gs.3：小紅帽的媽媽叫她帶一瓶葡萄酒和蛋糕去探望祖母。

· 面值Gs.4：小紅帽走進森林就碰到了一隻野狼。

· 面值Gs.5：小紅帽在採花，野狼趁機要跑去祖母的家。

· 面值Gs.6：野狼對著鏡子，穿上祖母的睡衣。

· 面值Gs.7：小紅帽進去探望祖母，野狼假裝成祖母躺在床上。

· 面值Gs.8：一位獵人和一隻獵犬走向祖母的家。

・小全張面值Gs.25：將故事的主要場景佈置於同一個畫面。右下是小紅帽的媽媽
　目送小紅帽前往祖母的家，小紅帽在摘取美麗的鮮花，野狼趁機要跑去祖母的
　家。遠方可以看見獵人和獵狗在森林裏追蹤野狼，左上是祖母的家。

・面值Gs.10：獵人和獵犬走進屋
　裏，發現野狼睡在床上。

・面值Gs.20：獵人拿起一把剪
　刀，把野狼的肚子剪開，祖母正
　爬出來。

・面值Gs.25：祖母拿著葡萄酒的
　杯子，小紅帽拿著蛋糕，獵人和
　獵犬離去。

黛西鴨扮演「小紅帽」

（迪士尼公司將內容改編，英文稱為「Little Red Cap」）

在德國萊因河的兩岸有很多葡萄園，那裏有戶農家，生了一位漂亮的小女孩，人見人愛，尤其是她的祖母更加疼愛她，親手作了一頂紅色的帽子給她戴，因此大家都叫她「小紅帽」。

有一天，她的媽媽叫她帶一瓶葡萄酒和蛋糕去探望祖母，小紅帽把要帶的東西放在籃子裏，前往祖母的家。在途中她遇到一隻大野狼，野狼問她要去哪裏，她說要去看祖母，野狼對小紅帽說：「你為何不摘些花送給祖母呢？」小紅帽一聽覺得很有道理，就在路邊摘取美麗的鮮花。野狼就趁機跑到祖母家的門邊，等到祖母走出去了，野狼趕緊溜進房子裏，穿上祖母的睡衣，戴上睡帽，躺在床上假裝正在睡覺。

位於加勒比海的多米尼加（Commonwealth of DOMINICA）在1985年11月11日發行一組聖誕郵票，紀念童話作家格林兄弟誕生兩百週年，主題選自格林童話的「小紅帽」，圖案由迪士尼卡通公司繪作，圖案右下印格林兄弟肖像，黛西鴨扮演「小紅帽」，唐老鴨扮演伐木工人。

·面值10分：標題是「On the way to Grandmother's House.」即「前往祖母家的途中」之意，圖案是小紅帽前往祖母的家，在途中她遇到一隻大野狼。

·面值45分：標題是「The Wolf at the Door.」即「野狼在門口」之意，圖案是野狼跑到祖母家的門邊，要等祖母走出去。

· 面值90分：標題是「The Wolf in the Grandmother's Bed.」即「野狼在祖母的床上」之意，圖案是野狼穿上祖母的睡衣、戴上帽子，躺在床上。

· 面值1.00元：標題是「"The Better to eat you with, my dear."」即「更便於吃掉妳，我親愛的」之意，圖案是野狼正要從床上跳起來。

· 面值3.00元：標題是「Woodsman to the Rescue.」即「伐木工人去救援」之意，圖案是伐木工人舉起斧頭追砍野狼。

小紅帽摘了一大堆鮮花後才走到祖母家，進了屋子看到祖母躺在床上，祖母把睡帽拉到眉毛下，好像不願意讓人家看到她的臉，小紅帽覺得很奇怪，就問：「祖母，為什麼你的耳朵長得那麼長呢？」野狼說：「我要聽得很清楚。」她又問：「祖母，為什麼你的嘴巴長得那麼大呢？」野狼說：「我正要吃你啊！」話剛講完，野狼就從床上跳起來，小紅帽趕緊奪門而出，邊跑邊喊：「救命啊！野狼要吃人啊！」祖母正在附近的伐木場撿木柴屑，聽到小紅帽的驚叫聲，當場的工人也聽到了，手裏拿著一把斧頭、立即趕過來。因為野狼穿上祖母的睡衣，所以跑不快，逃到屋頂上，結果一慌張摔下來，掉入大水缸溺死了。

· 面值5.00元：標題是「**Off the Roof, into the Pot.**」即「從屋頂摔入水缸」之意，圖案是伐木工人拿著斧頭、小紅帽和祖母在窗戶邊看到野狼正從屋頂摔入大水缸。

CHAPTER 2-3
亨哲爾和葛蕾特

· 匈牙利郵政（MAGYAR POSTA）在1959年12月15日發行了一組童話專題郵票，其中面值2 Ft的主題是「亨哲爾和葛蕾特」，圖案：亨哲爾（變成弟弟）和葛蕾特（變成姊姊）遇到了老巫婆，背景是薑餅做成的屋子。

一位貧窮的樵夫有兩個孩子，男的叫亨哲爾，女的叫葛蕾特。有一年大饑荒，樵夫為了減輕負擔，就把孩子帶到森林裏，騙他們說爸爸要去砍柴，等一下會來接你們，聰明的亨哲爾撿了一袋小石子，沿路將小石子扔下來做標記，他們等到天色漸漸暗了，趕緊尋找丟在地上小石子走回家。第二次太突然了，小兄妹被遺棄在森林，亨哲爾在沿途撒下的麵包屑被鳥兒吃掉了，所以找不到回家的路。

小兄妹在森林走了很久，天色已黑，累得躺在草坪睡著了，天亮被小鳥的歌聲叫醒，往前一看竟然有間用薑餅做成的屋子，兩人實在是太餓了，就把薑餅摘下來吃，這時跑出一位老巫婆，把他們請到屋裏休息。老巫婆趁著亨哲爾熟睡了，把他抓進籠子裏，然後把葛蕾特叫醒，叫她燒開水，等水滾了要把亨哲爾煮來吃。過一陣子，老巫婆走近鍋子看看水滾了沒，葛蕾特就把握機會，使出全身的力量把老巫婆推倒，結果老巫婆被滾開的熱水燙死。

· 位於非洲中部的中非共和國（REPUBLIQUE
CENTRAFRICAINE）在1979年12月15日為配
合聯合國宣導的國際兒童年（標誌印在圖案最
左，象徵小朋友迎向光明），發行一組以著名
童話為題材的郵票，其中面值60法郎的郵票以
「亨哲爾和葛蕾特」為主題，圖案前方是兄妹
兩人、背景是薑餅屋。

葛蕾特趕緊把亨哲爾從籠子裏救出
來，兩人高興地抱在一起，接著進
去老巫婆的房間找出不少珠寶，
他們把珠寶裝滿了一整袋，然後離
開薑餅屋。兄妹兩人走了兩、三個
小時，來到一條河邊，可是既沒有
橋、也找不到渡船，根本沒辦法渡
河。正在煩惱時，亨哲爾發現有隻
白天鵝在附近游，就大聲呼叫：
「天鵝！天鵝！這裏沒有橋又沒
船，請你載我們渡河，好嗎？」白
天鵝聽到了立刻游過來，亨哲爾先
坐上去，接著叫妹妹上來。葛蕾特
說：「兩個太重了，你先過去，再
請天鵝回來載我。」好心的天鵝把
兄妹順利載過河，兩人上了岸，向
天鵝道謝。

（郵票實際尺寸：圖片尺寸＝1：1.3）

· 位於非洲東南方海上的科摩羅邦（ETAT
COMORIEN）在1976年6月28日發行一組
以著名童話為題材的郵票，其中面值15法
郎的郵票以「亨哲爾和葛蕾特」為主題，
圖案前方是兄妹兩人正拿著餅乾、背景是
薑餅屋。

接著兄妹兩人繼續往前走，終於回到了家，樵
夫看到兩個孩子平安歸來，馬上緊緊擁抱他
們，流著眼淚說：「爸爸實在很對不起你們，
爸爸好想念你們啊！」小兄妹說出他們在森林
中驚險的經過，把珠寶拿出來送給爸爸，從此
一家三口過著幸福、快樂的日子。●

德意志聯邦郵政（DEUTSCHE BUNDESPOST）在1961年10月2日發行一
組社會福利附捐郵票（WOHLFAHRTSMARKE），圖案主題就是採用「格
林童話」中「亨哲爾和葛蕾特」的故事情節，圖案右邊印故事的德文原名
「*HÄNSEL UND GRETEL*」，英文譯名「*Hansel and Gretel*」。

・面值「7＋3」分尼：哥哥亨哲爾在森林中所撒的麵包屑被鳥兒吃掉。
・面值「10＋5」分尼：亨哲爾與葛蕾特兄妹兩人走到巫婆的薑餅屋。
・面值「20＋10」分尼：亨哲爾被巫婆關在鐵籠裏。
・面值「40＋20」分尼：亨哲爾背著一袋珠寶和葛蕾特回到家見到爸爸。

「米老鼠和米妮」扮演「亨哲爾和葛蕾特」

位於加勒比海的英國屬地——安吉拉（ANGUILLA）在1985年11月11日發行一組聖誕郵票，紀念童話作家格林兄弟誕生兩百周年，主題選自格林童話的「亨哲爾和葛蕾特」（HANSEL & GRETEL），圖案由迪士尼動畫公司繪製，圖案右下的圓圈內是格林兄弟肖像，米老鼠扮演亨哲爾，米妮扮演葛蕾特。

· 面值5分的圖案是小兄妹在森林中的草地上睡著，小鳥的歌聲叫醒了米妮。
· 面值50分的圖案是小兄妹在森林中發現一間用薑餅做成的屋子。
· 面值90分的圖案是小兄妹正吃在薑餅的時候，屋裏的老巫婆跑出來，問：「誰在吃我的屋子？」
· 面值4.00圓的圖案是米老鼠被關在籠子裏，老巫婆叫米妮把裝滿水的大鍋子放在爐火上，並且叫她拿出盤子和金屬杯，準備要把米老鼠煮來吃。

‧小全張面值5.00圓的圖案是白天鵝載著米老鼠和米妮渡河到達岸邊。小
全張的中間印「A path there's not, and bridge we lack, Please carry us
over on your back.」即亨哲爾呼叫白天鵝:「沒有路又沒有橋,請你載
我們跨在你背上」。

「新票」及「舊票」

未使用郵票通常是指沒有銷蓋郵戳的郵票，在國內集郵界通稱為「新票」（英文稱為mint或是unused）。「mint」在英文原本指剛從造幣廠鑄造出來的嶄新貨幣，現代郵票問世以後，集郵界就借用「mint」來表示和新發行時一樣、外表清新、完整無瑕疵而未使用的郵票，後來將「未銷蓋郵戳的郵票」稱為「unused」。

郵務人員在郵票上面蓋郵戳，則表示失去郵資效力，這種被稱為使用過的郵票，國內集郵界通稱為「舊票」（英文稱為used）。

CHAPTER 2-4
白雪公主

· 匈牙利郵政（MAGYAR
POSTA）在1960年12月
1日發行了一組童話專題
郵票，其中面值30 f的主
題是「白雪公主」，圖
案：七個小矮人圍著白雪
公主。

有一年的冬天，一位漂亮的王后坐在黑檀木框的窗
邊縫製國王的襯衣，王后的手指不小心被針刺破，
把血滴到窗戶木框的積雪，白雪襯出鮮紅的血滴，
非常美麗。王后想：「如果我生了一個女孩，皮膚
白得像雪，嘴唇紅得像血，頭髮黑得像黑檀木，那
該多好啊！」後來王后果然生了一個如她所願的女
孩，小公主的皮膚長得十分白嫩，所以取名「白雪
公主」。

可惜漂亮的王后不久就去世了，國王又娶了一位新
王后，長得也很漂亮，不過她的性情既驕傲又暴
躁，最嫉妒比她更美麗的女人。她有一面魔鏡，經
常問它：「誰是世界上最美麗的女人呢？」魔鏡都
回答說：「就是王后啊！」有一天，魔鏡卻回答
說：「白雪公主長得比妳美麗。」王后聽了非常生
氣，原來白雪公主已經長大了。從此王后對白雪公
主起了嫉妒心，決定要把白雪公主除掉，這樣她才
能成為世界上最美麗的女人。

德意志聯邦郵政（DEUTSCHE BUNDESPOST）在1962年10月
10日發行一組社會福利附捐郵票（WOHLFAHRTSMARKE），
圖案主題採用格林童話的「白雪公主和七矮人」（德文原名是
「*SCHNEEWITTCHEN UND DIE SIEBEN ZWERGE*」）故事情節，圖
案的左邊或右邊印「SCHNEEWITTCHEN」即「小白雪姑娘」之意，
英文譯名「Little Snow White」。

‧面值「7＋3」分尼：王后問魔鏡：「世界上誰最美麗？」
‧面值「10＋5」分尼：白雪公主做飯給七個小矮人吃。
‧面值「20＋10」分尼：王后送蘋果給白雪公主，白雪公主剛咬一口就昏倒。
‧面值「40＋20」分尼：白馬王子正要把白雪公主抱起來。

王后就派了一個侍從把白雪公主帶出王宮，命令他把公主騙到森
林去玩，然後才殺死她。但是到了森林以後，侍從覺得公主很可
憐又長得很可愛，不忍心殺她，於是放了公主。侍從只好在森林
裏獵殺了一頭小鹿，把小鹿的舌和心帶回去給王后看，算是殺死
公主的證據。

公主在森林裏走了很久，才發現一間小木屋，附近長滿了漂亮的花草，還有一些可愛的動物在玩耍。公主走進小木屋、發現七張小床，由於走得太累了，就躺在小床睡著了。等到公主醒來，才知道這裏是七個矮人的家，她把王后要害她的經過告訴他們，矮人們很同情公主，於是決定收留公主。早上矮人們一起出去到山洞裏挖掘礦石，公主就幫他們打掃房子、煮飯、洗衣，七個矮人更加喜歡公主，當工作完了，大家就一塊兒唱歌、跳舞，生活得很快樂。

有一天，王后又問魔鏡：「誰是世界上最美麗的女人呢？」結果回答說：「是白雪公主，住在森林裏矮人的家。」王后知道被騙了，非常生氣，決定親自去害死公主。她就化裝成一個賣絲帶的女人，趁矮人出去工作的時候，向公主推銷，公主看了很中意，王后就走進屋裏用絲帶把公主的脖子繫得很緊，結果氣喘不過來，就昏倒在地板上，矮人們回到家嚇了一跳，趕緊把絲帶解開，公主才慢慢地醒過來，矮人們就叮嚀公主以後不可以讓陌生人進到屋裏。

王后回到王宮問魔鏡，才知道公主並沒有死。於是打扮成一個賣梳子的女人，到小木屋前向公主推銷，公主打開窗戶說：「不要啦！請妳回去吧！」王后說：「看一看，好嗎？」公主看了很喜歡，就說：「嗯！實在很漂亮。」王后說：「是啊！我把妳的秀髮梳一梳吧！」因為梳子塗了毒粉，不久公主就中毒倒在地板上。矮人們回到家趕快把公主頭上的梳子拿下來，然後用清澈的泉水清洗公主的秀髮，公主才被救醒。

王后又問魔鏡，知道公主還沒死。於是化裝成一個賣蘋果的老太婆，帶了一個浸過毒液的蘋果，送給公主吃，公主剛咬一口，就

巴拉圭（PARAGUAY）為配合聯合國在1979年宣導的國際兒童年（標誌印在圖案右上角或左上角，象徵小朋友迎向光明），在1978年10月26日發行一組以「白雪公主」為題材的郵票，全組共九枚。

・面值Gs.3：王后的手指不小心被針刺破，把血滴到窗戶木框的積雪。

・面值Gs.4：新王后經常問它：「誰是世界上最美麗的女人呢？」魔鏡都回答說：「就是王后啊！」

・面值Gs.5：侍從不忍心殺她，於是放了白雪公主，白雪公主向侍從表示感恩。

・面值Gs.6：白雪公主在森林裏發現一間小木屋。

· 面值Gs.7：七個矮人發現白雪公主睡在他們的床上。

· 面值Gs.8：白雪公主和七個矮人一起跳舞。

· 面值Gs.10：一位王子騎著馬經過森林，看到玻璃盒內躺著一個美麗的女孩，矮人們憂傷地坐在旁邊。

· 面值Gs.20：新王后化裝成一個賣蘋果的老太婆，帶了一個浸過毒液的蘋果，送給公主吃。

· 面值Gs.25：王子和白雪公主騎著馬要去王宮，白雪公主向矮人們告別。

立刻昏倒在地上。矮人們回到家看到公主又倒在地上，用盡各種辦法，都不能把公主救醒，他們圍著公主哭得很傷心，只好將公主放在一個玻璃盒裏，然後抬到小木屋旁邊的一棵大樹下，每天由矮人們和很多可愛的小動物來陪伴她。雖然擺了很久，公主仍然和以前一樣美麗。

有一天，一位王子騎著白馬經過森林，看到玻璃盒內躺著一個美麗的女孩，就問矮人們到底發生了什麼事，矮人們邊哭邊說，把公主遇害的事告訴王子，王子覺得公主太可憐了，請求矮人們讓他把公主帶回王宮，保證會好好照顧公主，起初和矮人們說什麼，他們就是不肯，經過王子誠懇地一再拜託，他們才勉強答應。王子就打開盒蓋，把公主抱起來，拍拍公主的背部，恰巧把卡在喉嚨的一塊毒蘋果吐出來，不久公主睜開雙眼說：「你是誰？」王子表明了自己的身份，並且希望公主和他一起回國。矮人們看見公主復活了，連小動物都很高興，公主和王子騎上白馬向他們揮手告別，矮人們也祝福他們早日締結良緣，大家才依依不捨地互道珍重再見。

王子和公主結婚那天，王后問了魔鏡，知道有一位王子的新娘是最美麗的女人。王后便派人打聽到鄰國王宮正在辦喜事，立刻趕去看個究竟，原來王妃就是白雪公主，心裏又氣憤又懊惱。這時候王后被侍衛抓住，強迫她穿上一雙燒成燙紅的鐵鞋，痛得瘋狂地跳起來，跳到死為止。狠心的王后終於得到懲罰，應驗了俗語所說的「惡有惡報」。●

CHAPTER 2-5
野狼和七隻小羊

一間木屋裏住著一隻白色的母山羊和七隻小山羊，由於羊媽媽的細心照顧，七隻小山羊都長得白白胖胖，非常可愛。有一天早上，羊媽媽要到森林去採集好吃的東西給羊寶寶吃，羊媽媽在出門的時候對羊寶寶吩咐：「你們要好好地留在家裏，如果可怕的野狼跑來，就把門緊緊地關著，絕對不可以打開。野狼的腳又粗又黑，一看就知道了。所以在開門以前，一定要先從門縫看看是不是媽媽回來了，知道了嗎？」「知道了！媽媽再見！」七隻小山羊在門口送羊媽媽出去。

附近有一隻大野狼看到母羊出門往森林去了，心裏想：「哇！這下子可是機會來了。」過了一會兒，就跑到木屋去敲門，「咚！咚！咚！」小羊們聽到敲門聲，彼此看了一下，就問：「是誰啊？」「快開門啊！媽媽回來了。」大野狼裝成羊媽媽的聲音，小羊們跑到門縫一看──一雙又粗又黑的腳，而且聲音也很粗、根本不像媽媽，小羊們齊聲叫：「和媽媽的聲音不一樣，媽媽的腳不會那麼黑，你一定是隻野狼。」大野狼聽了，知道騙不過小羊們，只好摸摸頭離開了。

大野狼想了又想，終於想出一條妙計，偷偷地溜進
麵包店的倉庫裏，找到一桶麵粉，把手和腳都塗上
一層厚厚的麵粉，立刻跑到小羊的家去敲門，小羊
們從門縫看到白色的手和腳，想把門打開，可是大
野狼的叫聲太粗了，小羊們又齊聲叫：「羊媽媽的
聲音怎麼會變成這麼粗呢？」大野狼終於明白了，
光是把手和腳的毛弄成白色還是不行，又偷溜進麵
包店的倉庫裏，找到一瓶蜂蜜，邊走邊喝，再跑到

德意志聯邦郵政（DEUTSCHE BUNDESPOST）在1963年9月23日發行一組社會
福利附捐郵票（WOHLFAHRTSMARKE），圖案主題採用格林童話的「野狼和七隻
小羊」故事情節，圖案最下邊印故事的德文原名「*DER WOLF UND DIE SIEBEN
GEISSLEIN*」，英文譯名「*The Wolf and the Seven Young Kids*」。

· 面值「10＋5」分尼：七隻小羊在門口向羊媽媽說再見。
· 面值「15＋5」分尼：野狼用麵粉塗在手腳上面，想要騙七隻小羊。
· 面值「20＋10」分尼：野狼跑進屋子裏，七隻小羊趕緊躲避，最小的一隻跑進鐘擺盒裏。
· 面值「40＋20」分尼：野狼栽進井裏，羊媽媽和七隻小羊圍在井邊跳舞。

小羊的家去敲門，這時候大野狼的聲音變得又柔又細，小羊們以為媽媽回來了，就把門打開。糟了，一隻大野狼跑進來，小羊們嚇壞了，紛紛趕緊找地方躲起來。其中一隻鑽到枕頭下，兩隻藏在棉被裏，一隻躲到床下，一隻躲在桌子下，另外一隻藏在壁爐裏，只有最小的一隻很聰明地跳進掛鐘的鐘擺盒裏，沒有被野狼發現，其餘六隻都被野狼吞到肚子裏。

到了中午，羊媽媽回到家、發現屋裏亂七八糟，只聽到微弱的叫喊聲：「媽媽！我在這裏啊！」羊媽媽趕緊把最小的一隻從鐘擺盒裏抱出來，小羊將發生過的事情詳細告訴媽媽，母羊聽了很著急，趕緊跑到附近的樹林去尋找，終於發現一隻大野狼挺著大肚子、躺在樹下睡著了。

母羊立刻跑回家拿了一把剪刀，趁大野狼還在呼呼大睡，把牠的肚子剪開來，小羊一隻一隻跳出來，羊媽媽叫小羊們趕快搬了一堆石子放進大野狼的肚子裏，再用線縫起來。過了不久，大野狼醒過來、覺得口很渴，就跑到井邊想打水喝，結果肚子太重了，一不小心栽進井裏溺死了。●

· 德意志聯邦郵政發行1963年度社會福利附捐郵票之首日封（ERSTTAGSBRIEF），
蓋波昂（BONN）郵局的發行首日（ERSTAUSGABE）紀念郵戳。

CHAPTER 2-6
荊棘玫瑰公主

說到《小紅帽》、《穿靴子的貓》、《灰姑娘》、《藍鬍子》、《睡美人》等
著名的童話故事，大家就會立刻想起了《格林童話》。其實在德國的《格林童
話》出版（1812年）前一個多世紀，這些童話故事早已被法國著名的作家「夏
禮‧裴羅」收錄到一本著名的《鵝媽媽故事集》中。而這些在歐洲民間流傳已
久的故事，經過著名的作家「夏禮‧裴羅」和「格林兄弟」的整理和改寫，使
得內容更有趣、並且充滿神奇和歡樂的性質、有伸張正義的感覺，成為大人、
小朋友都喜歡的故事，也是值得人類傳承的一項重要文化資產。

《睡美人》在《鵝媽媽故事集》中稱為《在森林的睡美人》，在《格林童話》
中稱為《荊棘玫瑰公主》（德文原名*Dornröschen*），英文簡稱為「*Sleeping
Beauty*」即「睡美人」之意，雖然原作的一則用法文、另一則用德文，但是故事
的內容卻十分相似。

有一座古色古香的城堡，裏面住著一位威武的國王和一位美麗的
皇后。有一年他們生了一個很可愛的小公主，國王非常高興，就
邀請全國的仙女來王宮裏為小公主祝福，仙女們感到這是一件很
光榮的事，都紛紛趕到王宮，祝福小公主美麗、幸福、健康和聰
明。但是黑森林裏住著一位女巫婆沒有被邀請，非常生氣，連忙

德意志聯邦郵政（DEUTSCHE BUNDESPOST）
在1962年10月10日發行一組社會福利附捐郵票
（WOHLFAHRTSMARKE），圖案主題採用格林童話
中「荊棘玫瑰公主」的故事情節，圖案的左邊或右邊印
德文原名「DORNRÖSCHEN」即「小荊棘玫瑰姑娘」
之意，英文譯名「*Little Briar-Rose*」。

‧面值「10＋5」分尼：
　女巫婆揮舞著魔棒對睡在小床的小公主下詛咒。
‧面值「15＋5」分尼：
　公主看到老太婆正在紡紗，好奇地去摸紡錘的尖頭。
‧面值「20＋10」分尼：
　王子發現玫瑰荊棘後面有一位美麗的公主昏睡在床上。
‧面值「40＋20」分尼：
　宮裏的大廚師醒過來呼叫小徒弟，灶上的鍋子已經滾了。

（郵票實際尺寸：圖片尺寸＝1：0.9）

· 德意志聯邦郵政發行1964年度社會福利附捐郵票之首日封（Ersttagsbrief），蓋波昂（BONN）郵局的發行首日（ERSTAUSGABE）紀念郵戳。

趕到王宮裏，趁大家沒注意的時候，跑進來對小公主詛咒：「在你十五歲的時候，如果你的手指碰到紡錘的尖頭就會死去。」話剛說完，就馬上溜走，一位好心的仙女趕緊接上咒語，改為「公主會昏睡一百年。」

國王擔心將來會發生這種可怕的事，於是下令宮中的侍衛將城堡裏的所有紡錘集中起來，然後把它們全部燒掉。公主漸漸長大，如仙女祝福的一樣美麗。在她十五歲那年，有一次國王和王后到

（郵票實際尺寸：圖片尺寸=1：0.9）

・德意志聯邦郵政柏林（BERLIN）郵局發行1964年度社會福利附捐郵票之首日封，蓋柏林郵局的發行首日紀念郵戳。

外面去巡視，公主覺得很寂寞，就走到城牆上，發現一座古塔，感到十分好奇，於是沿著石階一步一步地走上去，到了塔頂有個房間，裏面有個老太婆正在紡紗，看到公主上來，就說：「公主請進來玩紡車嘛！」公主從來沒見過紡車，覺得很好玩，向前去拿紡錘，當她的手指碰到紡錘的尖頭就昏過去，躺在旁邊的床上。原來老太婆就是當年那個女巫婆所改扮的，這時候城堡裏所有的人好像得了愛睡病似的，一個一個地呼呼大睡起來，女巫婆看到她的詛咒生效了，十分得意，哈哈大笑地離開了。

· 中非共和國（REPUBLIQUE CENTRAFRICAINE）在1979年
12月15日發行一組國際兒童年專題郵票，其中面值40 F法郎的
圖案主題是「睡美人」，圖案左邊是公主躺在床上昏睡、右手
握著一朵玫瑰花，圖案右邊是一束玫瑰花。

· 匈牙利郵政（MAGYAR
POSTA）在1959年12月
15日發行一組童話專題
郵票，其中面值30 f的主
題是「睡美人」，圖案：
王子進了古塔發現公主躺
在椅子上昏睡。

· 位於非洲西部的馬利共和國（REPUBLIQUE DU MALI）在
1972年6月19日發行一組童話專題郵票，其中面值150F法郎
的圖案主題是「睡美人」，王子進了古塔發現公主躺在床上
昏睡、左手摸著玫瑰花，圖案右上是城堡，圖案左上是公主
好奇地去摸紡錘的尖頭。圖案左下印「Charles Perrault 1628-
1703」就是法國著名的童話作家「夏禮·裴羅生於1628年1
月12日、1703年5月16日去世」，圖案右下印法文的故事名
「*La Belle au Bois Dormant*」就是「在森林的睡美人」之意。
「夏禮·裴羅」在1697年以他的最小兒子「皮耶·達曼庫」
〔Pierre d'Armancour生於1687年〕的名義發表了一本故事書
標題為「昔日傳奇和故事」〔法文原名*Histoires ou Contes du
Temps passé*〕、副標題稱為「鵝媽媽故事集」〔英文Tales of
Mother Goose (法文原名*Les Contes de Ma Mère l'Oye*)〕，
「在森林的睡美人」就是「鵝媽媽故事集」八篇中的一篇。

· 摩納哥（MONACO）在1978年11月8日
發行一組裴羅誕生350周年紀念郵票，其
中面值0.30 F法郎的圖案中央是「睡美
人」，右下是騎馬的王子來到被荊棘包
圍的城堡，左下是王子從附近的老人家
打聽到城堡裏有一位睡了很久的公主。
左下緣印一行法文「LA BELLE AU BOIS
DORMANT」即「在森林的睡美人」。

一年一年地過去，城堡外面長出很多荊
棘，最後把整個城堡團團圍住。過了
一百年，有一位王子從附近的老人家打
聽到這座城堡裏有一位睡了很久的公
主，很多人想用刀劍砍進去都沒有成
功。當王子來到城堡的外圍正在觀察想
辦法時，一位仙女出現了，問王子為了
什麼事煩惱，王子請仙女幫忙，仙女於
是在他的佩劍上施點法力，並且祝福他
成功。王子就鼓起勇氣用劍砍進去，荊
棘逐漸倒下去，好不容易才進入城堡，
找了很久，終於在古塔裏發現一位美麗
的公主昏睡在床上，王子向前將公主抱
起來，輕輕地吻了公主的臉頰，過了一
會兒公主醒了，就在這個時候城堡裏的
人也都漸漸地醒過來，大家看到王子來
解救，都非常興奮和感激，後來王子和
公主就在城堡裏舉行非常盛大的婚禮。

動畫影片「睡美人」（SLEEPING BEAUTY）

著名的動畫大師——「華特·迪士尼」（Walt Disney生於1901年、1966年去世）擔任製作人，從開始規劃到製片完成，前後經過1950年代的十年，製作費用預估六百萬美元（以物價相比，約當現今的六千萬美元），是第16部的迪士尼動畫長片（第1部是1937年12月21日初映的「白雪公主和七矮人」）。故事的構想就是出自格林童話的「荊棘玫瑰公主」，在1951年加以改編而成，1952年完成對話配音，1953年至1958年才完成動畫製作，由於當時沒有現今的電腦設計程式，完全由人工製圖著色，過程相當費時又辛苦，以目前的電腦科技水準，大約五、六個月就可以完成整個製片過程。配樂在1957年錄製，由「柏林交響樂團」（Berlin Symphony Orchestra）演奏，採用俄國著名作曲家「柴可夫斯基」（Pyotr Ilyich Tchaikovsky生於1840年、1893年去世）在1889年編成的「睡美人芭蕾舞曲」（Sleeping Beauty ballet）。

蘇聯（CCCP）在1966年5月26日發行一組第三屆國際柴可夫斯基鋼琴及小提琴比賽（期間5月30日至6月29日）紀念郵票，共三枚，每一枚郵票圖案的左上角印「Ⅲ」表示第三屆比賽。

· 面值4K：圖案主題是位於莫斯科音樂學院前庭的柴可夫斯基坐姿紀念銅像。
· 面值6K：圖案主題是柴可夫斯基肖像、襯底是樂譜。
· 面值16K：圖案主題是位於莫斯科近郊的克林（Klin）的柴可夫斯基紀念館，柴可夫斯基晚年的住所。

・摩納哥（MONACO）在1990年發行一枚柴可夫斯基誕生150周年（1840-1990）紀念郵票，面值5.00法郎，圖案主題是柴可夫斯基肖像。

「睡美人」片長75分鐘，1959年1月29日由「美景配片」（Buena Vista Distribution）公司發行。

片中主要角色名稱

・三位好心的仙女分別是「花仙子」、「快活天氣仙子」和「動物仙子」（Flora, Merryweather, and Fauna），為了區別起見，「花仙子」穿「粉紅、紅、橘、棕色」的衣裳、「快活天氣仙子」穿「青藍色」的衣裳、「動物仙子」穿「綠色」的衣裳。
・「壞心巫婆」（Maleficent）穿「黑色」的衣裳。
・「曙光公主」化名「荊棘玫瑰」（Princess Aurora / Briar Rose）
・解救公主的「菲立王子」（Prince Phillip）
・「曙光公主」的父親「史提凡國王」（King Stefan）

故事情節

　　「曙光公主」剛出生不久，就許配給鄰國的「菲立王子」。在公主的命名典禮，有二位好心的仙女受國王的邀請來祝福公主。第一位是「花仙子」祝福的公主禮物是「長得很美麗」，「花仙子」吟唱著祝詞：「如陽光的金黃色在她的秀髮、嘴唇是紅色和玫瑰紅色」第二位是「動物仙子」則祝福她的聲音悅耳如歌，就在這個時候沒有被邀請的一位「壞心巫婆」出現了，詛咒公主：「在她16歲生日那天日落之前，被紡車輪的紡錘尖刺到就會死去。」幸好，「快活天氣仙子」還沒祝福，於是趕緊用祝福化解詛咒：「公主碰到紡錘的尖頭不會死去，她將會倒下去睡著了，直到第一位愛她的人吻了她就會醒過來。」「史提凡國王」立即下令將王國裏的

（郵票實際尺寸：圖片尺寸=1：1.5）

· 美國在1968年9月11日發行
一款「華特·迪士尼」紀念
郵票，面值6分，圖案主題是
「華特·迪士尼」晚年畫像，
左上是「迪士尼」遊樂園的地
標──童話城堡，從城堡走出
來的是象徵世界各地的小朋友
（選自遊樂園中小小世界Small
World的玩偶）。

紡錘全部燒掉，三位好心的仙女也
為了防止意外發生，將小公主帶到
森林中仙女住家扶養，直到過了16
歲生日才將她送回王宮，仙女們為
了保護小公主，將她改名為「荊棘
玫瑰」。

「荊棘玫瑰」在森林中和許多可愛
的動物、鳥兒過得很快活，漸漸地
長大了，如仙女們所祝福，小公主
成為一位美女，留著金黃色的長
髮、玫瑰紅色的嘴唇、淡紫色的眼
睛，也有好歌喉能唱出十分悅耳的
歌聲。「荊棘玫瑰」雖然長得十分
甜美，但是她希望能以歌聲去贏得
英俊男士的心。「壞心巫婆」一直
不死心，經常派她的嘍囉到處打聽
小公主的藏身處，但是都找不到。
「壞心巫婆」知道快要經過十六年
了，於是派她最寵愛的烏鴉「妖

魔」（Diablo）去探查。在森林裏的仙女們希望公主在她的16歲生日當天能穿上一件非常漂亮的禮服，結果「花仙子」和「快活天氣仙子」固執己見揮起仙女棒施展法力，將禮服變成自己中意的顏色，因此在森林上空散發出燦爛的光彩，哇啊！被烏鴉「妖魔」看見了趕緊飛回去報告巫婆。就在那時，「荊棘玫瑰」到外面採集漿果，邊採邊唱歌，娛樂她的動物朋友，她的天使般歌聲吸引了在森林騎馬的「菲立王子」，長大之後變得十分英俊的王子就很快地找到了正在唱歌的女孩，兩人一見鍾情，「荊棘玫瑰」忽然想起仙女姑媽的叮嚀——「不可以在外面逗留太久」，顧不得問英俊男士的名字，就趕緊跑回家。「荊棘玫瑰」不管允諾再和他相會，因為無法回去見他了，到了家仙女姑媽告訴她真實的身世以及在她出生時早已許配給名叫「菲立」的王子。

仙女們就帶著公主回到王宮。她的行蹤被巫婆掌握了，巫婆施展魔法將公主誘離她的寢室，爬進宮裏最高的塔，塔內放了一個紡車輪，公主覺得很好奇，於是就上前去摸紡錘，結果手被尖頭刺到，這時如同巫婆所詛咒的，公主就倒下來，過了一會兒，被仙女發現了，於是將公主抱到床上，將一朵玫瑰花放在她的手中，而全國也陷入深眠昏睡中。

仙女們想起了「菲立王子」可以破除魔咒，但是巫婆比她們早一步，把「菲立王子」關起來阻止他去吻公主而使得公主醒起來。仙女們偷偷地溜進巫婆的洞窟，幫助王子脫逃出來，對他解釋巫婆詛咒的故事。接著仙女們施展法力將王子的劍和盾變成「真理寶劍」、「德行神盾」去和巫婆拼鬥，巫婆也不甘示弱化身變成一隻噴火的大怪龍，王子的寶劍被仙女祝福過後，具有神奇的功力，最後王子將寶劍射入大怪龍的心臟，才殺死了巫婆。王子走入公主的寢室，輕吻公主，解除了魔咒，公主和王國裏所有的人都醒過來，王子和公主才知道他們彼此所許配的和所相愛都是相同的一對。影片結束時，王子和公主在婚禮的舞會中跳著華爾茲舞，「花仙子」和「快活天氣仙子」還在為公主新娘禮服的顏色爭吵不停。●

位於加勒比海的安提瓜（ANTIGUA）在1980年12月23日發行聖誕節郵票和小全張，圖案主題採用迪士尼動畫影片「睡美人」的重要情節畫面。

· 面值1/2分：巫婆和她最寵愛的烏鴉「妖魔」（Diablo）。
· 面值1分：仙女們正在祝福小公主。
· 面值2分：「荊棘玫瑰」到外面採集漿果，邊採邊唱歌，娛樂她的動物朋友。
· 面值4分：公主被巫婆引誘到塔裏去觸摸紡錘的尖頭。
· 面值8分：王子手持「真理寶劍」、「德行神盾」去和巫婆拼鬥。
· 面值10分：王子對抗巫婆化身變成的大怪龍。
· 面值25分：王子走入公主的寢室，輕吻公主。
· 面值2圓：在國王和王后面前，王子和公主舉行婚禮。
· 面值2.5圓：王子和公主在婚禮的舞會中跳著華爾茲舞。

（郵票實際尺寸：圖片尺寸=1：1.2）

‧小全張面值4圓：「荊棘玫瑰」採集漿果後在水邊休息，可愛的動物朋友圍在她的身邊。

郵票的「齒孔」

郵票的周邊有凹凸相連的半圓形孔，國內集郵界將它稱為「齒孔」，其目的就是方便將全張中的郵票撕開。當1840年出現的世界第一款郵票和一些最早期的郵票並沒有印打齒孔，賣郵票的郵務員必須拿剪刀將全張中的郵票剪開來，非常費時又麻煩，如果稍不注意，郵票的周邊就被剪歪了。亨利‧阿契爾（Henry Archer生於1799-1863去世，愛爾蘭人）發明了郵票打孔機，在1848年獲得專利，1853年將專利賣給英國郵政當局，英國在1854年才發行世界第一款的有齒孔郵票，接著其他國家或屬地的郵局就陸續發行有齒孔的郵票。

CHAPTER 2-7
灰姑娘

一位富翁的妻子得了重病，臨終的時候，對她的獨生女兒：「我的寶貝女兒，如果妳一直很忠厚、善良，上帝會時常幫助妳，我也會在天上祝福妳。」不久她就去世了。富翁又娶了一個妻子，並且帶了兩個和前夫生的女兒來。後母在富翁的面前，假裝對前妻的女兒很好，可是在背地裏卻很偏心，家務事都交給她做，天還沒亮就被叫起來挑水、起火，接著要煮飯、洗衣，然後打掃內外，從早忙到晚。後母所生的兩個女兒在家裏只會享樂，有一次後母叫前妻的女兒去清掃爐灶，結果弄得滿身是灰，她們兩人就嘲笑前妻的女兒是「灰姑娘」。

有一次富翁要到市集去，問後母的兩個女兒要帶什麼東西回來，大的要一件漂亮的衣裳，小的要一串項鍊，再問灰姑娘要帶什麼東西，她卻回答說：「在爸爸回家途中，碰到爸爸帽子的第一根樹枝。」富翁回家後，分別把東西送給三個女兒。灰姑娘將一根榛樹的樹枝栽在母親的墳旁，每天黃昏到母親的墳墓去打掃、祈禱，附近經常飛來一群白鴿，灰姑娘都會拿一些剩下的飯菜給牠們吃，白鴿很感謝她，就對她說：「如果你有什麼祈求，上帝會派我們來幫助妳。」

德意志聯邦郵政（DEUTSCHE BUNDESPOST）在1965年10月6日發行一組社會福利附捐郵票（WOHLFAHRTSMARKE），圖案主題就是採用「格林童話」中「灰姑娘」的故事情節，圖案右邊印故事的德文原名「*ASCHENPUTTEL*」，「ASCHEN」在德文是「灰」的意思、「PUTTEL」在德文是「清掃者」的意思，合起來是「掃灰者」的意思，因為故事的主角是一位姑娘，所以譯名為「灰姑娘」。

· 面值「10＋5」分尼：灰姑娘正在餵一群白鴿。
· 面值「15＋5」分尼：兩隻白鴿銜了一件金衣裳送給灰姑娘。
· 面值「20＋10」分尼：灰姑娘的金鞋掉了，王子正要拿給她。
· 面值「40＋20」分尼：王子和灰姑娘騎著一匹白馬回王宮。

　　有一天國王宣佈將舉行盛大的舞會，邀請全國美麗的姑娘參加，主要是為了王子在當中挑選一位做為未來的王妃。後母的兩個女兒知道了這個消息，就叫灰姑娘替她們化妝、打扮，灰姑娘也想去參加，可是後母故意為難她，把一盒豆子倒在爐灰裏，然後叫她從爐灰裏揀出豆子，如果揀好了才可以和她們一起去。灰姑娘就去找白鴿幫忙，一群白鴿立即飛來將豆子銜出來，灰姑娘把豆子放在盆子裏、拿給後母看，但是後母仍然不准，並且諷刺她：「沒有漂亮的衣服也想去參加舞會嗎？」後母就帶了兩個女兒坐上馬車去王宮了。

（郵票實際尺寸：圖片尺寸=1：0.9）

· 德意志聯邦郵政柏林（BERLIN）郵局發行1965年度社會福利附捐郵票之首日封（德文：
ERSTTAGSBRIEF／英文：FIRST DAY COVER），蓋柏林郵局的發行首日（ERSTAUSG.）
紀念郵戳。

灰姑娘只好跑到母親的墳前向上帝祈禱，過了一會兒，兩隻白鴿
銜了一件用金絲作成的禮服，另外三隻白鴿銜了一雙金線繡成的
舞鞋和一些裝飾品。裝扮好了的灰姑娘到了舞會，誰也認不出
來，甚至連後母和她的兩個女兒也不知道她是誰，都以為是一位
高貴的公主，王子看到灰姑娘，就被她的儀容和姿態迷住了，兩
個人一起跳到晚上，灰姑娘心想太晚回去，一定會被後母發現，
就向王子告辭，可是王子想知道她的身份，堅持要送她回家而拉
住她的手，灰姑娘又急又慌，好不容易才掙脫，趕緊跑開，下台

階的時候左腳的金鞋被絆住而掉下來，王子跟在後面立刻把那隻金鞋撿起來，想要拿給她，她就趁機溜出王宮。

國王知道了這件事，就命令侍從陪王子到各地去尋找她，並且頒下詔令：「如果哪一位姑娘的左腳能很合適地穿上這隻金鞋，她就是未來的王妃。」王子和侍從終於來到富翁的家，侍從先給後母的兩個女兒試穿金鞋，但是她們的左腳都太大了、穿不進去，侍從就問富翁：「家裏還有別的姑娘嗎？」後母搶著回答：「還有一個，不過長得太難看了，見不得人。」王子堅持非見到她不可，灰姑娘終於被叫出來試穿金鞋，結果恰恰好，王子用手巾擦去她臉上的灰，認出來她就是和他跳過舞的姑娘，立刻把她抱起來，很興奮的說：「妳就是未來的王妃。」這時候後母和兩個女兒都氣得滿臉發青，眼睜睜地看著灰姑娘和王子騎上白馬回王宮去了。●

（郵票實際尺寸：圖片尺寸=1：1.5）

· 匈牙利郵政（MAGYAR POSTA）在1979年12月29日為配合聯合國宣導的國際兒童年（標誌印在圖案左上，象徵小朋友迎向光明），發行了一套童話專題郵票，其中面值2 Ft 的主題是「灰姑娘」，圖案：鴿子飛來要替灰姑娘揀盆中的豆子。

巴拉圭（PARAGUAY）為配合聯合國在1979年宣導的國際兒童年（標誌印在圖案左下角、右下角或右上角，象徵小朋友迎向光明），在1979年6月24日發行一組以「灰姑娘」為題材的郵票，全組共九枚。

· 面值Gs.3：後母生的兩個女兒裝扮得很漂亮，灰姑娘在清洗地板。

· 面值Gs.4：富翁回家後，把禮物送給後母生的兩個女兒，灰姑娘手拿著父親帶回來的樹枝。

· 面值Gs.5：鴿子飛來替灰姑娘揀藍中的豆子。

· 面值Gs.6：白鴿銜了一件有金飾的禮服送給灰姑娘，右邊是灰姑娘生母的墳墓、上面立了十字架形的墓碑。

・面值Gs.7：灰姑娘穿上禮服要
前往城堡參加國王舉辦的盛大
舞會。

・面值Gs.8：王子和灰姑娘一起
跳舞。

・面值Gs.10：王子將舞鞋套上灰
姑娘的腳。

・面值Gs.20：灰姑娘匆忙離去，
在台階上掉了一隻舞鞋。

・面值Gs.25：王子和灰姑娘共騎
一匹花馬返回城堡，白鴿飛來
送行。

· 小全張面值Gs.25：王子和灰姑娘回到王宮舉行盛大的婚禮，灰姑娘的右手
停了一隻鴿子，後面有四位女侍扶著灰姑娘的結婚禮服拖紗，前導的小侍從
用雙手捧著灰姑娘穿過的舞鞋，左邊有位樂師在彈琴，右邊是來觀禮的貴族
向他們脫帽致敬。

「無膠票」及「有膠票」

印製郵票的最後一個流程是打齒孔，而前一個就是在郵票的背面刷上黏膠，集郵術語簡稱為背膠，其目的是為了方便寄郵件的人將郵票貼在郵件上，只要在背膠沾上口水或清水後，就可以將郵票貼在郵件上。世界第一款郵票——黑便士印製時就已經有了背膠。無背膠郵票簡稱「無膠票」，有背膠郵票簡稱「有膠票」。

民國31年至56年之間在國內印製的郵票大都沒有刷背膠，這類郵票被稱為「無原背膠郵票」，簡稱為「無原膠票」。

CHAPTER 2-8
青蛙王

有一位國王的最小公主長得非常漂亮，國王很疼她就送了一顆金球給她。有一天公主拿著金球到王宮的花園玩，公主喜歡把金球拋上，再用手接住，邊走邊玩，走到一口水井的旁邊時，一不小心金球掉進井裏，她哭得很傷心，忽然聽到井裏有聲音傳出：「公主你為何哭的這麼傷心呢？」她往井裏一看，有一隻青蛙把頭伸出水面。公主說：「我的金球落入井裏，所以很傷心。」青蛙說：「我可以把金球找出來給你，不過你怎樣謝謝我呢？」公主趕緊說：「除了金球，我的珠寶都可以送你。」青蛙又說：「我才不稀罕珠寶，我只要和妳同桌用餐，並且和你一起睡在你的軟床上，如果你答應了，我就把金球找回來還你。」公主心裏只想著金球，就立即說：「只要把金球送到我的手中，那我就全答應你。」

於是青蛙潛入水裏，一會兒青蛙浮出水面抱著金球交給公主，公主連說聲謝謝也沒有，就跑回王宮，青蛙在後面邊追邊叫，公主根本不理他，青蛙只好跳回井裏。隔天公主和國王等王族正在享用晚宴時，傳來一陣敲門聲並叫嚷著：「公主請開門讓我進來！」公主開門一看，原來是那隻青蛙，馬上把門關上，回

德意志聯邦郵政（DEUTSCHE BUNDESPOST）
在1966年10月5日發行一組社會福利附捐郵票
（WOHLFAHRTSMARKE），圖案主題就是採用「格
林童話」中「青蛙王」的故事情節，圖案右邊印故事
的德文原名「FROSCHKÖNIG」，英文譯名「*The
Frog King*」，因為有些英文版故事名改為「*The Frog
Prince*」，所以出現「青蛙王子」的故事名稱。

· 面值「10＋5」分尼：
　公主請青蛙到井裏把掉落的金球找回來。
· 面值「20＋10」分尼：
　國王要求公主遵守諾言，和青蛙一起用餐。
· 面值「30＋15」分尼：
　被公主解除魔咒後，青蛙還原為國王，娶公主為王妃。
· 面值「50＋25」分尼：
　忠實的侍衛──亨利在迎親馬車伺候國王和王妃。

· 奧地利共和國（REPUBLIK ÖSTERREICH）在1981年6月29日發行，面值S3西令，主題採用「青蛙王童話」（KINDERMARKE FROSCHKÖNIG印在左下邊），圖案是兒童畫的「公主在井邊哭得很傷心，青蛙浮出水面」。

到他的座位，國王就問公主到底是怎麼一回事，公主只好把昨天經過的事稟報父王。國王說：「既然答應他，就要守信用，讓青蛙進來吧！」青蛙入門就跳到公主的餐桌高興地用餐，晚宴結束後，青蛙要求和公主一起到她的房間，公主起初不肯，國王就教訓公主：「承諾青蛙的事就應當去達成才對啊！」

公主無奈地開門，青蛙就跟著公主跳進來，接著公主很生氣地抓住青蛙，用力把他扔到牆壁，就在那時，突然轟隆聲響冒出白煙，出現一位英俊的青年，公主又驚又喜地問他：「你就是青蛙的變身？」青年告訴公主：「我原本是一位國王，因為不願娶巫婆的女兒，所以被巫婆變成青蛙，除非遇到一位公主把我摔到地上或牆上，才會變回原來的模樣。」接著青蛙王向國王請求要娶小公主，國王很高興地答應他們的婚事。青蛙王恢復原形的消息傳回他的國家，忠實的侍衛——亨利聽到好消息立即帶領迎娶的豪華馬車，把青蛙王和小公主接回來，然後舉行隆重的婚禮。●

「王者的嗜好、嗜好的王者」

英國採取低廉的單一郵費政策後，人人都有能力寄信，寄信量大增，郵局開始賺錢，歐美各國也紛紛效仿發行郵票，郵票種類越來越多，於是有人利用使用過的郵票來裝飾牆壁。但是在1880年代以前，大都是青少年和小孩子在收集郵票，當時集郵被認為是小孩子的娛樂活動。

到了十九世紀末期，開始有人注意到歐洲強國在各殖民地最初發行的郵票數量並不多，於是在報紙登廣告收購，因而引起最早的大人集郵潮，如果找到有人要收購的郵票轉賣後，可以發筆小財，大人就檢查孩子收集的郵票，希望找出值錢的好郵票。而英國王室自1840年起一直都很喜歡集郵，所以集郵被稱為「王者的嗜好、嗜好的王者」。到了二十世紀初期，許多著名的集郵家出身於歐美社會上流階層，集郵成為全世界最高雅的休閒活動之一。

CHAPTER 2-9
土地婆

從前有一個寡婦，她有兩個女兒，大的長得美麗又勤勞，小的長得難看又懶惰。小女兒是寡婦親生的，所以非常寵愛她；大女兒是前妻生的，所以對她很苛薄，每天都叫她在井邊紡紗。有一天紡太多了，磨破了手指，流了不少血，滴到紡錘上，想把紡錘放到井水裏洗乾淨，一不小心紡錘掉入井裏去。她哭著去告訴後母，後母聽了很生氣，逼她把紡錘撈上來。她實在沒辦法，只得跳入井裏，一跳下去就失去知覺。等她醒來，卻發現自己躺在一塊綠油油的草地上，附近有間小木屋，她就站起來走過去看一看，裏面有一位老太婆對她說：「不要怕！我就是土地婆，如果你能幫我做事，我會讓你過得很舒適。」她每天依照交代的話去做，把每件事都做得很好，果然過得很快樂。

有一天，土地婆吩咐她把鵝毛被裏的毛絮用力抖出來，並且對她說：「冬天來了，給大地添上一件白色的新裝吧！」她立刻把被子抖起來，這時候空中就飄起了雪花，給大地帶來了初冬的景色。

冬去春來，大女兒仍然很想念老家，土地婆知道她堅決要回家，就帶她到一座城門前，當她走到城門下面時，下了一陣金雨，把

德意志聯邦郵政（DEUTSCHE BUNDESPOST）在1965年10月6日發行一組社會福利附捐郵票（WOHLFAHRTSMARKE），圖案主題就是採用「格林童話」中「土地婆」的故事情節，圖案右邊印故事的德文原名「FRAU HOLLE」，英文版名稱「Mother Hulda」。圖案分別是：

· 面值「10＋5」分：大女兒在井邊紡紗。
· 面值「20＋10」分：大女兒認真地抖鵝毛被，空中飄起了雪花。
· 面值「30＋15」分：金雨落在大女兒的身上，左下是正在啼叫的綠色公雞。
· 面值「50＋25」分：柏油落在小女兒的身上，右下是正在啼叫的黃色公雞。

她的全身蓋了一層金片，土地婆說：「這些金片應該送給妳這樣勤勞的人。」並且把以前掉到井裏的紡錘還給她，這時候城門打開了，她發現已經來到離家不遠的地方，當她走過庭院時，一隻綠色的公雞啼叫著：「咯！咯！咯！我們的金姑娘回來了。」

後母看到她帶了很多金子回來，就問她究竟是怎麼一回事，她將經過的事都說出來。後母是個很貪心的人，希望小女兒去碰碰運氣，所以叫小女兒將紡錘丟進井裏，接著把小女兒推進井裏，然

ERSTTAGSBRIEF

FRAU HOLLE

（郵票實際尺寸：圖片尺寸=1：0.9）

· 德意志聯邦郵政柏林（BERLIN）郵局發行1967年度社會福利附捐郵票之首日封
  （ERSTTAGSBRIEF），蓋柏林郵局的發行首日（ERSTAUSG.）紀念郵戳，首日封左邊的
  圖案是「大女兒經過城門時金雨落下來」。

後遇到的情形和大女兒相似。小女兒起初還勉強照土地婆交代的話去做，不久
就漸漸偷懶起來，到後來什麼事都不做，土地婆就把她趕走，小女兒很高興，
以為就要下金雨了。小女兒也被帶到城門前，當她走到城門下面時，卻下了一
陣黑雨，很多柏油落在她的身上，土地婆對她說：「這是妳的工作酬勞。」接
著也把紡錘還給她，小女兒回到家，滿身沾滿了柏油，庭院裏一隻黃色的公雞
啼叫著：「咯！咯！咯！我們的髒姑娘回來了。」結果柏油緊緊地黏在小女兒
身上，永遠也擦不掉。●

（郵票實際尺寸：圖片尺寸=1：0.9）

・德意志聯邦郵政柏林（BERLIN）郵局發行1967年度社會福利附捐郵票之首日封
　（ERSTTAGSBRIEF），蓋柏林郵局的發行首日（ERSTAUSG.）紀念郵戳，首日封左邊的
　圖案是「小女兒經過城門時柏油落下來」。

CHAPTER 3

東德發行的「格林童話」故事專題

CHAPTER 3-1
妙桌、金驢、神棒

從前有個老裁縫師養了一頭羊，第一天他叫老大牽著羊去吃草，
羊回到家向他抱怨老大不好好帶牠去吃草，老裁縫師聽了很生氣
就把老大趕出去。第二天他叫老二牽著羊去吃草，結果羊回到家
仍然向他抱怨，老裁縫師再把老二趕出去。第三天他叫老三牽著
羊去吃草，結果羊回到家還是向他抱怨，老裁縫師也把老三趕出
去。到了第四天只剩下老裁縫師，只好親自牽羊去餵草，羊回到
家後照樣不滿發牢騷，他終於知道這隻胡說八道的羊害他趕走了
三個無辜的孩子，所以一氣之下，立即把羊趕走。

老大被趕出去以後，找到一位木匠拜師學藝，師父看他很認真，
在學成的時候就送他一張奇妙的許願桌。當他站在許願桌前叫
著：「妙桌！妙桌！擺上來吧！」剛說完，桌上就出現好吃的食
物。老大拜別師父，就把許願桌帶回家，途中住在一間客棧，他
利用許願桌擺了一頓豐盛的晚餐，結果被客棧的老闆偷看到，就
趁他熟睡的時候換了一張外表相同的桌子。老大回到家後，便邀
請鄰居來看他的許願桌，結果叫了半天假的許願桌卻變不出食
物，使他羞愧萬分。老大不得不離家出走，另外去找工作。

東德在1966年12月8日發行一款小型張，內含六枚郵票，圖案題材取自格林童話中「許願桌、金驢、神棒」的重要情節。每一枚圖案左上角的阿拉伯數字表示郵票的面值，右下角印DDR，就是東德的正式德文國名DEUTSCHE DEMOKRATISCHE REPUBLIK（德意志民主共和國）的簡稱，圖案右邊印故事的德文名稱「*TISCHLEIN DECK DICH*」（英文：Magic Table，中文：奇妙的桌子）。

・面值5分尼：老裁縫師被羊欺騙把三個兒子趕出去。
・面值10分尼：老大利用許願桌吃一頓豐盛的晚餐。
・面值20分尼：客棧的老闆把許願桌偷走。
・面值25分尼：老二呼喚神奇的驢子吐出金片。
・面值30分尼：老三呼喚神棍痛打客棧的老闆。
・面值50分尼：老三帶著三件寶物回到家裏。

· 面值10分：主題「The lonely tailor wishes his son were home.」即「孤獨的老裁縫師希望他的兒子都在家」之意，圖案是孤獨的老裁縫師在家縫製衣服。

· 面值60分：主題「Saying "Bricklebrit," he was showered with gold.」即「唸著：『布里克雷布里特！』，金子如下雨般落在他身上」之意，圖案是當老二唸著：「布里克雷布里特！」金子就從驢子的口中吐出來。

（郵票實際尺寸：圖片尺寸=1：1.3）

賴索托（LESOTHO）在1985年12月2日發行聖誕郵票，紀念童話作家格林兄弟誕生兩百週年，圖案主題選自格林童話的「許願桌」（The Wishing Table），「唐老鴨家族」成為「許願桌」主角，唐老鴨扮演老裁縫、唐小鴨扮演三個兒子。故事的德文名稱「*Tischlein deck dich, Goldesel und Knüppel aus dem Sack*」，英文譯名為「*The Wishing Table, the Gold Ass, and the Cudgel in the Sack*」（簡稱The Wishing Table）即「許願桌、金驢和袋中的棍棒」之意。

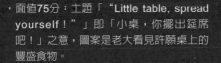

· 面值75分：主題「"Little table, spread
  yourself！"」即「小桌，你擺出筵席
  吧！」之意，圖案是老大看見許願桌上的
  豐盛食物。

· 面值1圓：主題「The wicked innkeeper
  attempts to steal.」即「壞心的旅店老闆
  企圖偷取」之意，圖案是老闆在晚上偷偷
  進入老三的房間正要拿神棒。

‧小全張面值1.50圓：主題「The family is reunited.」即「家族重聚」之意，圖案
由左至右是老三、老二騎著驢子、老裁縫師、老大使許願桌變出豐盛的食物，
大家注視著驢子吐出來的金子。

老二被趕出去以後，就去替一位磨坊匠工作，當他把磨坊裏所有的事情都學會了，磨坊匠很欣賞他勤勞的工作態度，於是送他一匹神奇的驢子，當老二撫摸驢頭同時唸著：「布里克雷布里特！」金片就從驢子的口中吐出來。巧得很，老二在回家的途中，也住進老大曾住過的客棧，老二就拿了一塊桌布到廄房，請驢子站在桌布上，然後摸驢頭同時唸密語，老二揀起驢子吐出的金片做為住宿費用，卻也被客棧的老闆偷看到。老闆趁老二睡著了，到廄房偷換了一匹外形十分相似的普通驢子。老二回到家後，在老裁縫師和朋友的面前施展他的本領，結果驢子只會瞪著他，才知道被客棧的老闆調換了，也很難為情地離家出走。

老三則去當一位工匠的學徒，在學藝期間聽到兩個哥哥所遭遇的事情，當他要拜別師父的時候，師父問他希望要得到什麼東西，老三就將哥哥們的寶物被客棧老闆偷換的事告訴師父，於是送他一個袋子裏面裝了一根會懲罰壞人的木棒，並且告訴他要用的時就說：「出來吧！神棒！」它就會從四面八方痛打壞人，如果要停止就說：「停！神棒回到袋子裏吧！」

老三在回家的途中，故意住進那間壞老闆的客棧，並且在眾人前炫燿他的袋子，老闆以為袋子裏面裝著珠寶，在晚上偷偷進入老三的房間。他就呼喚神棒痛打壞老闆，打得老闆跪地求饒，老三將哥哥們遭遇的事情講出來，老闆只好把妙桌和金驢交給老三。

隔天老三回到家，將三件寶物拿給爸爸看，並且通知兩個哥哥回家團圓，老裁縫師就跟三個兒子過著舒舒服服的日子。●

CHAPTER 3-2
鶇嘴王

有一位老國王為了替他美麗又驕傲的女兒，選擇一個如意的丈夫，舉辦了一個盛大的宴會，邀請各地具有貴族身份的青年前來參加。他們按照階級順序排列，首先是國王，接著是王子、公爵、侯爵、伯爵、子爵、男爵，最後是士族。公主從隊伍前面走過，指出每個人的缺點。第一個太胖了，就說：「這個酒桶！」第二個太高了，就說：「高又瘦得皮包骨！」第三個太矮了，就說：「又矮又胖不靈活！」第四個臉太蒼白，就說：「白的像死人！」第五個臉太紅，就叫他：「一隻鬥雞！」第六個身材不太直，就叫他：「被爐火烤乾的歪木頭！」接著一直批評下去，後來回頭看到一位斯文的國王，下巴長得有點戽斗，她就笑著說：「下巴像鶇鳥嘴！」那位國王就得了一個「鶇嘴王」的外號。

老國王看到女兒一直在嘲笑來求婚者，非常生氣，於是發誓要將她嫁給第一個來到王宮門前的乞丐。幾天後，一個拉提琴賣藝的人來到王宮前獻唱，想得到施捨。老國王就叫人把行乞者帶進來，對他說：「我很喜歡你唱的歌，所以決定把女兒嫁給你。」公主當然堅決反對，但是老國王說：「我已經發誓要把你嫁給第一個來行乞的人。」立即派人請牧師來，很快地主持公主和乞丐

東德在1967年11月27日發行一款以格林童話為圖案主題的小版張，主題就是選用鶫嘴王故事的情節，內含六枚郵票。每一枚圖案左上角的阿拉伯數字表示郵票的面值，面值之下印DDR，就是東德的正式德文國名DEUTSCHE DEMOKRATISCHE REPUBLIK（德意志民主共和國）的簡稱，圖案右側印故事的德文名稱「*KÖNIG DROSSELBART*」，英文譯名「*King Thrushbeard*」。

· 面值5分尼：公主正在批評求婚者，由右至左：第一個是「酒桶」、第二個是「又高又瘦」、第二個是「又矮又胖」。

面值10分尼：乙丐胸前掛著一把琴，拉著公主來到小屋。

· 面值15分尼：公主正在紡紗，左邊是爐灶，灶壁上掛著一個鼓風箱做為生火之用，灶前有一頭黑貓。

· 面值20分尼：鶫嘴王打扮成一位騎士，騎馬衝過來踩碎了所有的瓷器，公主哭得很傷心。

· 面值25分尼：公主在廚房準備小罐子裝剩菜，大廚師正端著一隻燒雞，另一位廚師端著一大壺湯。

· 面值30分尼：鶫嘴王牽著公主的手，左邊的座椅上擺著一頂后冠。

的婚禮。接著老國王說：「你已經嫁給乞丐了，不能再住在王宮裏！」就差遣侍衛把公主趕出宮，公主只好跟著乞丐離開王宮，他們來到一片很大的森林，公主問：「這一大片的森林是誰的呢？」乞丐說：「是鶇嘴王的，要是你嫁給他，這就屬於你的了。」公主嘆了一口氣說：「唉！真後悔，當初要是選他就好了。」接著他們經過一片遼闊的草原，公主又問：「這片青翠的草原是誰的？」乞丐說：「還是鶇嘴王的，要是你嫁給他，這又屬於你的了。」公主又嘆了一口氣說：「唉！真後悔，當初要是嫁給他就好了。」不久，他們接近一座雄偉的城堡，公主在問：「這座壯觀的城堡是誰的？」乞丐說：「也是鶇嘴王的。」她很懊惱地說：「唉呀！真傻，我怎麼不和他結婚呢？」乞丐生氣地說：「後悔有什麼用，嫁給我，你還不滿足嗎？」

最後他們來到一間小屋，公主大叫：「這間破房子是誰的？」乞丐回答說：「這就是我們的家。」因為門很小，公主只得彎著腰進去，皺著眉頭說：「佣人呢？」乞丐說：「哪來佣人啊！我們得自己動手，快去弄吃的。」兩個人只吃著簡單的食物。

過了幾天，食物快吃完了，乞丐說：「光吃不做是不行的，你得編籃子。」於是乞丐砍了一些柳條回來，叫公主編籃子，公主細嫩的手編沒多久就被柳條刺傷了，乞丐搖著頭說：「看來，也許紡紗比較適合你吧！」然而粗麻線又磨破了公主的嫩手，乞丐嘆道：「算了，你到市場去賣陶器吧！」公主覺得很難為情，可是為了生活，只好照乞丐的吩咐去市場擺地攤。

由於公主長得很漂亮又帶有點害羞，大家都喜歡向她買，有的人甚至給了錢也不拿東西，生意還算不錯。不久乞丐又叫公主去市場賣較高級的瓷器，剛擺好，一位騎士衝過來，他的馬把所有的瓷器都踩碎了，公主哭得很傷心，回去告訴乞丐，乞丐說：「誰叫你不選個好地方擺東西，別哭了，前幾天我去國王的城堡問過，他們需要一個廚房的女傭，你就去吧！」

公主在宮裏的廚房工作十分辛苦，每天不但累得要命，還得把剩下的食物帶回去。有一天宮裏宣佈：「要舉行王子的結婚大典」，成為女傭的公主站在大廳口觀看，許多盛裝打扮的嘉賓前

來道賀，這時她回想起以前在王宮裏過著舒適的生活，如今卻落到這般地步，愈想愈後悔。

賓客入座後，佳餚上桌，公主聞到菜香，才曉得已經很久沒嚐過美味了，等到喜宴結束後僕人將吃剩的菜分給她，她就剩菜裝入小罐子裏。這時候，一位穿著天鵝絨禮服、戴著金項鍊的王子走過來，就牽著她的手，邀她一起跳舞，公主仔細一看，原來王子就是曾向她求婚的鶇嘴王，嚇得慌忙拒絕。但是鶇嘴王一直把她拉入宴會大廳，在拉扯之間，裝滿食物的罐子掉下來，菜餚撒在地上，引起哄堂大笑。

公主覺得很難堪，巴不得有個洞可以鑽進去，於是趕緊衝出大廳，但在台階上被一個人追上，牽著她的手，公主回頭一看又是鶇嘴王，一時情急哭了出來。鶇嘴王很和善地說：「其實我就是那個乞丐，為了愛妳才打扮成那樣，故意騎馬踩碎瓷器的也是我，為了抑制你的傲慢，我才這麼做。」公主哭著說：「我實在不知道怎麼說才是。」鶇嘴王安慰她說：「受苦的日子已經過去

了，現在要好好地慶祝我們的婚禮。」女僕們立即上前，請公主
到房間更衣打扮，換上華麗服裝的公主回復原來的美貌，她的父
親──老國王和隨從也都趕來參加盛大的婚禮，大家都為她和鶇
嘴王祝福，公主終於成為鶇嘴王的王后。●

CHAPTER 3-3
穿靴子的貓

一位磨坊主人去世後，他的三兒子按照遺囑分財產，大兒子得到風車，二兒子得到驢子，三兒子只得到一隻貓。三兒子感慨地說：「貓除了能把皮剝下來做手套，還有什麼用呢？」貓就對主人說：「你不必為了一雙手套就把我宰了，不如替我做一雙靴子，我會為你弄到不少好康噢！」三兒子聽了覺得可以試試看，正好有一位鞋匠經過，他就出錢請鞋匠為貓做一雙靴子。

穿上靴子的貓拎了一袋麥子來到田邊的草地，把袋子打開，再把綁袋子的長繩子拉到草叢裏，不久好幾隻鵪鶉被麥子吸引而飛到袋子裏，貓就趕緊把繩子一拉，抓住了袋裏的鵪鶉。貓知道國王很喜歡吃鵪鶉肉，於是將捕獲的鵪鶉獻給國王，並且稟報國王說：「我主人卡拉巴伯爵派我來向陛下請安，並獻上剛捉到的鵪鶉」，國王一看，高興極了，就賞了不少金幣，請貓帶回送給伯爵。第二天，貓又抓了幾隻鵪鶉獻給國王，也帶回一袋金幣給它的主人。過沒多久，穿靴子的精靈貓就得到國王的寵信，可以自由進出王宮。

有一天，貓聽到馬車夫在抱怨：「中午別休息了，國王和公主在

· 匈牙利郵政（MAGYAR
POSTA）在1960年12月
1日發行了一組童話專題
郵票，其中面值60 f的主
題是「穿靴子的貓」，圖
案：左下是穿靴子的貓，
背景是國王的馬車前往魔
法師的城堡。

用餐後，要我駕馬車載他們到湖邊散
心。」貓趕緊跑回家對主人說：「如
果你想成為真的伯爵，就快到湖裏游
泳。」三兒子就和貓趕到湖邊，脫掉衣
服，跳進湖裏游泳。當貓把主人的衣服
藏好後，國王的馬車也到了，貓向國王
哭訴：「我的主人在游泳時，不知誰把
他的衣服拿走了，只好一直留在湖裏，
不敢上來。」國王於是命令隨從回宮拿
一套貴族禮服給卡拉巴伯爵穿，三兒子
穿上禮服後，顯得氣質高雅，因此對他
印象不錯，就邀請他一起坐馬車。公主
對年輕英俊的伯爵也有好感，對他產生
愛慕之意。

貓看出公主的心意，就搶先趕到一片
廣闊的草原，那裏有一百多個工人正在
收拾乾草，貓就問他們：「這片草原是
誰的？」工人答說：「是魔法師的。」
貓交代他們：「等一下國王會經過這

・聖馬利諾（REP. DI SAN MARINO）在1960年1月28日發行了一組鳥類專題郵票，其中面值5 LIRE的主題是「紅腳鷓鴣」。

裏，如果國王問你們草原是誰的？一定要說是伯爵的，我會給你們銀子。」貓說完又繼續前進，來到一片麥田，那裏有兩百多個農夫正在收割麥子，貓就問他們：「這片是麥田誰的？」工人答說：「是魔法師的。」貓交代他們：「等一下國王會經過這裏，如果國王問你們麥田是誰的？一定要說是伯爵的，我會給你們銀子。」然後貓跑到魔法師的城堡，魔法師對貓瞪眼著問：「來這裏幹甚麼？」貓先向魔法師鞠躬，接著就說：「聽說大師法力無邊，可以變成各種動物。不過，你有辦法變成大象嗎？」魔法師說：「那有什麼問題！」剛說完，就變成一隻大象。貓故意稱讚：「真了不起！」又問道：「你能變成獅子嗎？」魔法師說：「還難不倒我！」說完，又變成一隻獅子。貓驚嘆：「太奇妙了！沒想到大師的本領通天，如果能變成小老鼠，才稱得上全世界的第一高手啊！」魔法師聽了這番恭維的話，打從心底可說是樂歪了，就說：「那有什麼難！」彎腰後立即變成一隻小老鼠，貓就把握絕好機會，撲向前去，一口吃掉小老鼠。

東德在1968年11月27日發行發行一款小型張，內含六枚郵票，郵票的圖案題材取自格林童話中「穿靴子的貓」的重要情節。每一枚圖案左上角的阿拉伯數字表示郵票的面值，下面印DDR，就是東德的正式德文國名DEUTSCHE DEMOKRATISCHE REPUBLIK（德意志民主共和國）的簡稱，圖案最下邊印故事的德文名稱「*DER GESTIEFELTE KATER*」。

・面值5分尼：三兒子看著黑貓穿上靴子。
・面值10分尼：穿靴子的貓報告主人：這是國王賜給你的金幣。
・面值15分尼：三兒子在湖裏游泳，穿靴子的貓拿走他的衣服，上邊是國王的馬車。
・面值20分尼：穿靴子的貓去拜見魔法師。
・面值25分尼：穿靴子的貓撲向前去，一口吃掉魔法師變成的小老鼠。
・面值30分尼：伯爵就和公主結婚，穿靴子的貓在旁觀禮。

巴拉圭（PARAGUAY）為配合聯合國在1979年宣導的國際兒童年（標誌印在圖案右上角或右下角，象徵小朋友迎向光明），在1982年4月16日發行一套以「穿靴子的貓」（西班牙文*EL GATO CON BOTAS*）為題材的郵票，全套共11枚。

· 面值Gs.0.25：貓就對三兒子說：「不如替我做一雙靴子，我會為你弄到不少好康噢！」圖案右上是磨坊。

· 面值Gs.0.50：穿上靴子的貓去抓兔子。

過了一陣子，國王的馬車來到草原，國王問工人：「草原是誰的？」大家回答：「是伯爵的。」接著經過麥田邊，國王問農夫：「麥田是誰的？」大家也回答：「是伯爵的。」最後，國王的馬車來到魔法師的城堡，在台階上等候多時的貓，立即向前去迎接，並稟報國王：「這座城堡是我主人伯爵的，陛下能光臨，是我們的莫大榮幸。」伯爵扶著公主走上台階，進入大廳，國王才發現比自己的王宮還要豪華、壯麗。過沒多久，伯爵就和公主結婚。因為公主是獨生女，伯爵在國王去世後，就繼承王位，精靈貓也成為新國王最寵信的總管。●

・面值Gs.1：穿靴子的貓將捕獲
　的兔子獻給國王。

・無面值之附票：三兒子在湖裏
　游泳，國王的馬車正從橋上經
　過，穿靴子的貓向國王呼救。

・面值Gs.2：三兒子穿上禮服
　後，顯得氣質高雅，國王和公
　主對他印象不錯，就邀請他一
　起坐馬車。

・無面值之附票：國王的馬車來
　到麥田邊，國王問農夫：「麥
　田是誰的？」大家回答：「是
　伯爵的。」穿靴子的貓躲在麥
　桿後面。

· 面值Gs.3：穿靴子的貓跑去拜
　見魔法師。

· 無面值之附票：魔法師變成一
　隻獅子。

· 面值Gs.4：穿靴子的貓追上去
　要抓魔法師變成的老鼠。

· 無面值之附票：穿靴子的貓在
　台階上等候國王駕臨。

（郵票實際尺寸：圖片尺寸=1：1.4）

· 面值Gs5：三兒子和公主結婚，穿靴子的貓非
常高興。

CHAPTER 3-4
尤林得和尤林給

很久以前，在一片廣大又茂密的森林裏，有一座古堡，住著一個老巫婆，白天變成一頭貓或是一隻貓頭鷹，到了晚上又變回人形。如果有人走進離古堡一百步以內，就會被魔法困住而不能動彈，直到老巫婆除去魔法才能活動。只要是少女走進這個範圍內，就會被變成一隻鳥，在古堡裏有七千個鳥籠，每個鳥籠都關著由少女變成的鳥兒。

有一位漂亮的少女，叫做尤林得，剛和一位叫做尤林給的英俊青年訂婚。有一天他們走進森林，結果迷路，卻看到一座古堡，這時尤林得變成一隻夜鶯，而尤林給全身不能動彈。不久，太陽下山了，老巫婆出現了，把夜鶯關進鳥籠帶回古堡裏。過了一陣子，老巫婆回來了，對尤林給說：「月光照到你，就可以動了」，話剛說完月亮出來了，尤林給可以活動了，立刻下跪哀求老巫婆放了尤林得，老巫婆反而說他不可能再擁有尤林得，頭也不回就走進古堡。

尤林給只好離開森林，到一個村莊當牧羊人。有一晚，他夢到：「他發現一朵鮮紅的花，中間有一顆美麗的大珍珠，他摘下那朵花帶進古堡，只要被這朵花碰過的東西，都可以從魔法中解脫出來，尤林得也恢復了原狀。」當早上他醒過來之後，馬上就去找夢中的紅花，終於在第九天的大清早找到一朵有大露珠的紅花，他趕緊帶著紅花衝向古堡，用花碰門，門就被彈開，走到傳出鳥聲的房間，看到老巫婆正在餵籠中的鳥兒。尤林給進了房間發現有很多夜鶯，不知如何才能找到他所心愛的尤林得。當他正在觀望時，卻發現老巫婆悄悄地提著一個鳥籠，向門口走去，尤林給於是趕緊衝過去，用紅花碰觸老巫婆和鳥籠，老巫婆立即失去了魔法，尤林得恢復了原狀。尤林給太高興了，將所有鳥兒都變回少女的原來模樣，然後帶著尤林得一起回家。兩人結婚後，一直過著幸福快樂的日子。

東德在1969年3月18日發行一款小型張，內含六枚郵票，每一枚圖案左上角的阿拉伯數字表示郵票的面值，面值之下印DDR，就是東德的正式德文國名DEUTSCHE DEMOKRATISCHE REPUBLIK（德意志民主共和國）的簡稱，DDR下有一個橢圓內印「*Jorinde*（尤林得）*und*（和）*Joringel*（尤林給）」。

- 面值6分：尤林得和尤林給在森林裏，看到一隻貓頭鷹（老巫婆變的）。
- 面值10分：老巫婆將尤林得變成夜鶯，正要關進鳥籠，尤林給中了魔法不能動彈，背景就是古堡。
- 面值15分：尤林給下跪哀求老巫婆放了尤林得，老巫婆不理他，帶著鳥籠走回古堡。
- 面值20分：尤林給當牧羊人時，找到一朵紅花。
- 面值25分：尤林給用紅花碰觸老巫婆，房間裏有很多籠子關著鳥兒。
- 面值30分：尤林給破除了老巫婆的魔法，將尤林得和其他少女變回原來的模樣。

CHAPTER 3-5
小姊弟

東德在1970年2月17日發行一款小型張，內有六枚郵票，郵票的圖案題材取自格林童話中「小姊弟」的故事重要情節。每一枚圖案左上角的阿拉伯數字表示郵票的面值，右上角印DDR，就是東德的正式德文國名DEUTSCHE DEMOKRATISCHE REPUBLIK（德意志民主共和國）的簡稱，圖案右邊印故事的德文名稱「BRÜDERCHEN UND SCHWESTERCHEN」，英文譯名「Brother and Sister」。

· 面值5分尼

（郵票實際尺寸：圖片尺寸＝1：1.5）

從前有姊姊、弟弟兩人，因為繼母對他們很壞，所以兩人只好逃離家。他們走了很多路，弟弟對姊姊說他很渴，想找水喝，就拉著姊姊到泉邊。但是壞心的繼母是個巫婆，暗地裏跟著他們，把泉水施了魔咒。當弟弟正要喝泉水的時候，姊姊聽到泉水發聲：「誰喝了，就會變成一隻老虎！」趕緊對弟弟說：「求你別喝，否則就會變成一隻老虎，把我吃掉。」弟弟說：「我們再去找別的水喝吧！」當他們走到第二條泉水的時候，姊姊又聽到泉水發聲：「誰喝了，就會變成一隻狼！」又趕緊對弟弟說：「求你別喝，否則就會變成一隻狼，把我吃掉。」弟弟說：「我們再去找別的水喝吧！」當他們走到第三條泉水的時候，姊姊又聽到泉水發聲：「誰喝了，就會變成一隻小鹿！」又趕緊對弟弟說：「求你別喝，否則就會變成一隻小鹿跑掉了。」但是弟弟太渴了，就跪在泉邊，當他的嘴唇一沾到泉水，就變成一隻小鹿。姊姊看了非常傷心，小鹿也哭了，姊姊怕小鹿跑掉，就將她的金襪帶套在小鹿的頸上，然後用草編成一條軟繩子，繫在襪帶，才牽著小鹿繼續走。後來他們找到一間空的茅屋，就住在那裏。

· 面值10分尼
（郵票實際尺寸：圖片尺寸=1：1.5）

有一次國王出來打獵，隨行的人吹起號角，小鹿很想出去看看，姊姊說：「不可以太晚回來！敲門時，要說：『姊姊，讓我進來。』不然我就不開門。」小鹿很高興的跳出去，國王和獵人看見一隻美麗的小鹿，就跟在後面追，小鹿趕緊逃入森林跑回茅屋。第二天，小鹿聽見號角忍不住跑出去，國王和獵人又看見那隻小鹿，便緊追著牠，結果小鹿被獵人打傷，獵人就跟著牠到茅屋前，聽到小鹿叫的話，回去報告國王。姊姊看到小鹿受傷，趕緊用水把傷口洗乾淨，再用布包起來。第三天小鹿不覺得痛又跑出去，國王等到黃昏的時候，學小鹿叫姊姊開門，門一開，看見一位美麗的女孩，就對她說：「妳要做我的王后嗎？」姊姊回答：「好，不過小鹿一定要跟著我。」這時候小鹿跳進來了，姊姊用草繩套住小鹿，牽著牠，才和國王走出茅屋。

繼母以為小姊弟早就死了，當她知道姊弟倆在宮裏過得很舒適，決定要陷害他們。於是變成一個婢女，混進王宮，趁王后剛生了小王子時身體很虛弱，把王后抬進浴缸，用熱氣把她燻昏，然後將王后的衣服脫下給繼母的親生女兒穿，打扮成王后，再把香迷中的真王后丟出宮外。國王知道王后生了一位王子，立刻來到王后的床邊，巫婆急忙阻止國王說：「王后需要靜養，最怕見光，千萬不可掀起帳帘。」國王只好退出，根本不知道床上躺的是假王后。

國王扶姊姊騎上馬，小鹿緊跟隨著，一起到王宮。國王舉行了一個隆重豪華的婚禮，姊姊就當上王后。

· 面值25分尼
（郵票實際尺寸：圖片尺寸=1：1.5）

真王后只好利用半夜潛回宮裏，將王子抱起來餵奶，然後又去探視小鹿，連續了很多夜晚，都被照顧王子的褓姆看到，於是將發生的情形報告國王。國王聽了很驚訝，決定在半夜守候，真王后出現了，照樣餵飽王子後，將王子放進小床，國王終於忍不住，跳過去抱住她說：「妳正是我親愛的王后。」

· 面值30分尼
（郵票實際尺寸：圖片尺寸=1：1.5）

真王后就將巫婆陷害他們姊弟的實際情形告訴國王，國王聽了立刻下令把巫婆和假王后送去法庭審判。結果假王后被趕到森林裏，巫婆被判用火燒死，當巫婆燒成灰時，小鹿恢復了人形，和王后姊姊在宮裏過著幸福快樂的日子。●

開始集郵的第一步

因為從已經郵寄過的郵件可以發現蓋過郵戳的舊郵票，這是初集者的最容易得到舊票的來源，但是種類畢竟有限，如有想增加種類就得向郵商購買或上網站去郵購，除了很少數較特殊的舊票因使用期間很短而價格較新票貴很多，一般的舊票比新票便宜很多，尤其是大量貼用的普通舊票價格甚至只有新票的十或二十分之一，所以集舊票對初集者而言負擔較輕，小朋友也比較買得起。近幾次在台北市舉行的國際郵展，都可以看到外國郵商為了鼓勵初集者以十分低廉的價格出售整袋的各種舊票，例如五百種各國舊票才賣新台幣300元，平均一枚舊票才0.60元。

CHAPTER 3-6
布雷門市音樂隊

（郵票實際尺寸：圖片尺寸=1：1.6）

· 德意志聯邦郵政（DEUTSCHE
  BUNDESPOST）在1982年1月13
  日發行，面值40分尼，圖案主題
  就是老公雞、老貓、老狗、老驢所
· 組成的布雷門市音樂隊（*Bremer
  Stadtmusikanten*印在圖案右側）。

東德在1971年11月23日發行一張小型張，內有六枚郵票，圖案的主題採用格林童話的
「布雷門市音樂隊」故事中重要情節。每一枚圖案左上的阿拉伯數字表示郵票的面值，下
面印DDR，就是東德的正式德文國名DEUTSCHE DEMOKRATISCHE REPUBLIK（德意
志民主共和國）的簡稱，圖案左側及左上右邊印故事的德文名稱「*DIE BREMER STADT
- MUSIKANTEN*」，英文譯名「*Town Musicians of Bremen*」，所以也有譯名為「布雷門
市的音樂家」。故事發生於布雷門市附近的農村，布雷門市位於德國的北部，瀕臨北海，
在一千多年前就已經發展為一個繁榮的港都。

（郵票實際尺寸：圖片尺寸＝1：1.5）

· 面值5分尼：有一隻驢子年紀大了，不能再替
　她的主人工作，主人有意把牠殺了，牠就趕
　緊離開，前往布雷門市，想做一個音樂家。

（郵票實際尺寸：圖片尺寸＝1：1.5）

· 面值10分尼：老驢在路上首先遇到一隻獵狗
　趴在地上，牠說年紀太老了，無法替主人追
　捕獵物，主人想要打死牠，只好逃命，老驢
　就約牠一起去布雷門市當音樂家。

（郵票實際尺寸：圖片尺寸＝1：1.5）

· 面值15分尼：老驢和老狗在向前走的途中，
　遇到了一隻可憐的貓。牠說歲數太大了，跑
　不動了，抓不到老鼠，女主人認為牠沒有用
　了，想把她打死，所以趕緊逃出來，老驢和
　老狗就邀請老貓一起去布雷門市當音樂家。

（郵票實際尺寸：圖片尺寸＝1：1.5）

· 面值20分尼：三隻動物再往前走，遇見一隻
　老公雞站在屋簷上，說是年老了不能按時啼
　叫，女主人覺得牠沒有用了，於是吩咐女廚
　師把刀子磨利，準備把牠殺了做成菜餚，好
　在晚上招待客人，牠們就邀請老公雞一起作
　伴，大夥兒前往布雷門市當音樂家。

（郵票實際尺寸：圖片尺寸＝1：1.5）

（郵票實際尺寸：圖片尺寸＝1：1.5）

‧面值25分尼：但是牠們到了晚上還趕不到布雷門市，路經一處森林，只好在那裏過夜。老驢和老狗躺在樹下，老貓和老公雞都爬到樹上。老公雞向四周看了一遍，發現遠處有一個地方發出亮光，於是對大夥兒說：「在這裏看得見燈光，附近一定有住家。」老驢提議大家到那裏去借住一晚，大夥兒就走向發光的地方。當牠們走到燈光明亮的屋子前，老驢抬頭往裏面一看，原來是一群強盜坐在豐盛的酒席上，大吃大喝呢！於是牠們商量怎樣才能把強盜趕走，然後就可以享受一頓豐盛的晚餐。計策決定好了，老驢把前腳放在窗口，老狗爬到老驢的背上，老貓跳到老狗的背上，老公雞蹲在老貓的頭上，然後一起出聲，老驢吼，老狗吠，老貓叫，老公雞啼。

‧面值30分尼：由於牠們跳進去碰到窗上的玻璃，發出乒乓怪聲，強盜們聽到這一連串嚇人的聲音，以為什麼怪物跑進來，都害怕得紛紛逃出屋子，跑進森林裏去。於是牠們就躺在桌子旁，慢慢享受食物。從此以後，由四隻動物組成的布雷門市音樂隊就快樂地住在那裏。

目前市政廳西側門口邊有一座「布雷門市音樂隊」（Die Bremer Stadtmusikanten am Bremer Rathaus）銅像，由上而下是公雞、貓、狗、驢子四隻動物，約兩公尺高，1953年由雕塑家馬爾克斯（Gerhard Marcks生於1889年、卒於1981年）雕製塑造，每年有很多觀光客來此觀賞。諸位讀者也許會覺得「布雷門市民」未免小題大作，將一則童話故事中的四位主角請一位德國著名的雕塑大師做成銅像，還安置在布雷門市最重要的市政廳門口旁邊。其實這座銅像象徵「布雷門市民」自中古世紀以來所追求不受封建王侯統治的「都市自主權」，故事中的四位主角代表布雷門市民的四種階層（驢子代表一般勞動階層、狗代表漁民和獵戶、貓代表治安和守衛人員，公雞代表為民喉舌的議員），故事比喻四隻動物就是不願被主人控管，而強盜就是指欺壓百姓的封建王侯，四隻動物同心協力趕走強盜，則比喻全體「布雷門市民」趕走封建的王侯。布雷門在8世紀起被大主教統治，雖然曾經加入漢札同盟，但是為了維護自主權三次退出同盟，經過全體市民不斷的努力，終於在三十年戰爭結束後取得「自由都市」的自主權。

德意志聯邦郵政（DEUTSCHE BUNDESPOST）在1964年至1965年發行以德意志聯邦的首都和11個大行政區的首府景觀為圖案主題的系列郵票，共12枚，面值皆為20分尼。

· 在1965年5月17日發行，圖案主題是布雷門自由漢札市（Freie Hansestadt Bremen）的市政廳（Rathaus），2004年7月被聯合國教育科學文化組織列為世界文化資產。

慈善或附捐郵票

為了社會福利、賑災、救濟和贊助等慈善事項的籌募捐款而發行的郵票，稱為慈善郵票，大都會在郵票上印「郵資」數字再加「捐款」數字，郵票的售價就是郵資加捐款的金額，因為郵票上印附加捐款，所以又稱為附捐郵票。

CHAPTER 3-7
調皮的小妖精

在格林童話的德文原名稱為「RUMPELSTILZCHEN」，按原文是「嘎嘎響的小支柱」之意，引申為敲支柱或木板發出噪音的小鬼，也就是調皮惡作劇的小妖精。

　　有一位磨坊主人，他有一個長得很漂亮的女兒，他希望女兒能成為王后。有一天，他遇見國王出來巡視，於是對國王吹牛，說自己的女兒可以將麥稈變成黃金。國王聽了很高興，就對他說：「明天把你女兒帶來王宮吧！」

(郵票實際尺寸：圖片尺寸=1：0.8)

東德在1970年2月17日發行一款小型張，內含六枚郵票，郵票的圖案題材取自格林童話中「調皮的小妖精」的重要情節。每一枚圖案左上角的阿拉伯數字表示郵票的面值，右上角印DDR，就是東德的正式德文國名DEUTSCHE DEMOKRATISCHE REPUBLIK（德意志民主共和國）的簡稱，圖案最下邊印故事的德文名稱「*RUMPELSTILZCHEN*」。

（郵票實際尺寸：圖片尺寸＝1：1.2）

・面值5分尼：磨坊主人對國王吹牛，說自己的女兒可以將麥稈變成黃金。

（郵票實際尺寸：圖片尺寸＝1：1.2）

・面值10分尼：國王指著紡紗機，要求女孩把麥稈變成黃金，否則就別想活著出去。

（郵票實際尺寸：圖片尺寸＝1：1.2）

・面值15分尼：女孩拜託小妖精將麥稈變成黃金。

（郵票實際尺寸：圖片尺寸＝1：1.2）

・面值20分尼：王后生下的第一個孩子睡在搖床上，小妖精就跑來要求王后交出小孩。

（郵票實際尺寸：圖片尺寸＝1：1.2）

・面值25分尼：王后的探馬發現小妖精正繞著火堆邊跳邊唱。

（郵票實際尺寸：圖片尺寸＝1：1.2）

・面值30分尼：王后抱著孩子，對小妖精說出他的名字。

獅子山（Sierra Leone）在1985年10月30日發行，紀念格林兄弟誕生兩百年（THE BROTHERS GRIMM BICENTENARY），圖案選自格林童話中「調皮的小妖精」（英文名*RUMPELSTILTSKIN*）的故事情節。

· 面值70 c：標題是「磨坊主人的女兒參見國王The Miller's Daughter meets the King.」
· 面值Le 1.30：標題是「一位伶俐的女孩能將麥稈紡成金子"A clever girl can spin gold out of straw."」
· 面值Le 2：標題是「小妖精要求報酬Rumpelstiltskin demands payment.」
· 面值Le 10：標題是「從麥稈紡成的金子是國王的財寶Gold spun from Straw is treasure for a King.」，圖案是唐老鴨扮演國王看到紡錘都變成金子樂翻了。

- 小全張的面值Le 15：標題是「他的名字是倫陪爾使替慈金His name is "Rumpelstiltskin."」，圖案是唐老鴨扮演國王、黛西鴨扮演王后抱著小嬰兒，當王后說對小妖精說出他的名字，小妖精一氣之下踩右腳，把地踩出了一個洞。

第二天，女孩進入王宮後，被關進了堆滿著麥稈的紡紗間裏，要求她在明天早上以前，把麥稈變成黃金，否則就別想活著出去。正當她看著成堆的麥稈而不知如何是好的時候，一個小妖精出現了，問女孩為什麼一直流眼淚，她就將自己的難題告訴小妖精，小妖精提出條件：「要是我幫你把麥稈紡成黃金，你要如何答謝我？」女孩就把項鏈送給他，小妖精立即將麥稈放在紡紗機上，轉了三圈後，就變成金條，一直工作到了第二天早上，所有的麥稈全被變成了金條。當國王看到一大堆金條，非常驚喜，為了得到更多黃金，把女孩帶到堆著更多麥稈的紡紗間，對她說：「想活命的話，就在明天早上以前都變成黃金！」女孩面對新的難題，又急著哭起來，第二天晚上，小妖精再度出現，對女孩說：「要是我再幫助你，你要如何答謝我？」女孩就把戒指送給他，小妖精又幫助了女孩。第三天早上，國王看到女孩又完成他的要求，於是把她帶到更大的房間，又對她說：「如果把所有的麥稈

都紡成金條，我就娶妳做王后。」國王離去後，小妖精又再度出現，對她說：「我幫助你把所有麥稈都紡成黃金，你又要如何答謝我？」女孩說：「我已經沒有東西來報答你了。」於是小妖精要求女孩把她當上王后所生下的第一個孩子送給他。

國王看到女孩再度完成任務，就娶她做王后。當王后生下第一個孩子之後，小妖精來到她面前，說：「請把答應的東西給我吧。」王后對小妖精哀求：「如果能把孩子留下來，我願意把所有的財富都送給你。」小妖精拒絕了，不過他做出讓步，說只要王后能在三天內猜出他的名字，他就不會再來要孩子。接連兩天，王后都猜不對，在第三天她的探馬回報發現了小妖精在靠近森林的小屋外，繞著火堆邊跳邊唱：

「今天我烤餅，明天我釀酒。再過一天，王后的孩子就歸我所有；有誰知道我叫『倫陪爾使替陳』？哈哈！真奇妙！真奇妙！」

當小妖精再度來到王后面前時，王后說對了他的名字——「倫陪爾使替陳」（RUMPELSTILZCHEN）。在1812年版格林童話中，小妖精聽之後，「氣呼呼地跑走了，再沒回來」。結局在1857年的最終版中作了修訂，顯得比較嚇人，小妖精聽之後「氣得猛然一跺右腳，把整隻腳連大腿都陷進了地裏。接著他大發脾氣，雙手抱住左腳一拽，就把自個兒撕成了兩半。」有的版本改為：小妖精猛然一跺右腳，把地跺出了一道裂縫，自己掉了下去，從此消失了。●

CHAPTER 3-8
六人走遍全世界

從前有一個戰士會各種功夫，在戰爭中表現得非常英勇。戰爭結束後，他被遣散回家，國王只給了他三個銅板作路費。他想：「走著瞧！如果有朝一日，能找到志同道合的夥伴，我要國王吐出所有的錢財給我。」

（郵票實際尺寸：圖片尺寸=1：0.8）

東德在1977年11月22日發行一款小型張，內含六枚郵票，郵票的圖案題材取自格林童話中「六人走遍全世界」的重要情節。每一枚圖案左上角的阿拉伯數字表示郵票的面值，右上角印DDR，就是東德的正式德文國名DEUTSCHE DEMOKRATISCHE REPUBLIK（德意志民主共和國）的簡稱，圖案最下邊印故事的德文名稱「*SECHSE KOMMEN DURCH DIE GANZE WELT*」。

（郵票實際尺寸：圖片尺寸=1：1.2）

・面值5分尼：左邊是氣憤的退役戰士，右邊是小氣的國王。

（郵票實際尺寸：圖片尺寸=1：1.2）

・面值10分尼：退役戰士遇到神射手。

（郵票實際尺寸：圖片尺寸=1：1.2）

・面值20分尼：退役戰士遇到吹氣的人坐在樹上。

（郵票實際尺寸：圖片尺寸=1：1.2）

・面值25分尼：退役戰士遇到把帽子遮住左耳的人。

（郵票實際尺寸：圖片尺寸=1：1.2）

・面值35分尼：健跑者提著水壺贏過對手——公主。

（郵票實際尺寸：圖片尺寸=1：1.2）

・面值60分尼：大力士把國王的錢財扛走了，左下是退役戰士，右下是國王。

位於加勒比海的英國屬地——開可斯群島（CAICOS ISLANDS）在1985年12月5日發行格林兄弟誕生兩百年紀念（THE BROTHERS GRIMM BICENTENARY）郵票，圖案選自迪士尼公司將「六人走遍全世界」改編成「幸運的六勇士」（*SIX SOLDIERS OF FORTUNE*）的故事情節，由「卡通人物」扮演「幸運的六勇士」。

· 面值16分：唐老鴨扮演戰士退役時只拿到三個銅板、非常生氣。
　英文標題：「The soldier gets his meager pay.」即：「戰士得到很少的酬勞。」
· 面值25分：唐老鴨戰士遇到荷拉斯馬扮演的大力士，他可以單手舉起一棵大樹。
　英文標題：「The soldier meets the strong man.」即：「戰士遇到強壯者。」
· 面值65分：唐老鴨戰士遇到米老鼠扮演的神射手。
　英文標題：「The soldier meets the marksman.」即：「戰士遇到神射手。」
· 面值1.35圓：高飛狗扮演健跑者提著水壺贏過對手——公主。
　英文標題：「The runner wins the race against the princess.」即：「健跑者贏過對手——公主。」

於是他氣沖沖地走進一座森林，看見有個人在那裏輕鬆地拔起六棵樹，就對拔樹的人說：「你願意做我的同伴跟我走嗎？」那人回答：「好啊！可是我現在得把這些樹背回去給我母親。」他拿起一棵樹把另外五棵捆在一起，然後將整捆往肩上一扛就走了。不一會兒，他就回來了，跟著退役戰士一起向前走。戰士對他說：「我們兩個在一起，一定能夠走遍全世界。」

他們走了沒多久，看見一個獵人跪在那裏瞄準。戰士問他：「獵人，你在打什麼？」獵人回答說：「離這裏兩里遠的地方有棵橡樹，樹上停著一隻蒼蠅，我要打它的左眼。」戰士說：「好極了！請你跟我們同行吧，我們三個在一起，絕對可以走遍全世界。」獵人很樂意地跟著他們走了。他們來到七座風車旁，只見風車在飛快地轉，可是卻沒有風，連樹葉都不動。戰士說：「究竟什麼力量使風車轉動，這會兒根本沒風啊！」說著又和同伴們繼續前進。

他們走了約兩里路，看到有個人坐在樹上，用手搗住一個鼻孔，另一個鼻孔正在出氣。戰士問他：「老兄，你在那上面做什麼？」那人回答說：「兩里外有七部風車，你們看，我一出氣，它們就轉動了。」「太好了！請你跟我們同行吧，我們四人在一起，肯定能遍行全世界。」吹氣的人於是爬下樹，跟著他們一起走。走了一段路，他們遇到一個人只用一條腿站在那裏，將另一條腿擱在一邊休息。退役戰士問他：「你這樣可以休息得很舒服吧？」那人回答：「我是個健跑家，在休息時只好把一條腿收起來。如果用兩條腿跑，那就比飛還要快。」戰士說：「好極了！請你跟我們走吧，我們五人在一起，能走遍全世界，什麼難關都可以克服。」

· 小全張面值2.00圓：荷拉斯馬扮演的大力士用超大袋子把國王的
錢財扛走了，旁邊伴隨的是唐老鴨戰士和米老鼠扮演的神射手，
另外三位跟在後面，國王和他的坐騎看了都大吃一驚。英文標
題：「The soldier and his friends reap their reward.」即：「戰
士和他的朋友獲得他們的報酬。」

於是他們一起向前走，他們又碰到一個人戴著一頂小帽子，可是他只把帽子遮住一邊耳朵。戰士對他說：「把帽子戴正，不然別人會以為你是個小丑。」那人回答說：「我不能把帽子戴正，否則天氣就會變冷，天上的飛鳥都會被凍死、掉到地上來的。」「原來是這樣。請你跟我們走吧！我們六人在一起，保證能讓稱霸全世界。」

他們來到王宮前，國王正好貼出佈告：「誰要是和公主比賽跑，如果贏了，就可以做她的丈夫，輸了的話，就要被砍頭。」戰士看過之後，就去報名說：「我願意讓我朋友替我比賽。」國王回答說：「那你必須把他的生命也做為抵押，不然你的頭也要承擔失敗的後果。」講好條件後，戰士就請健跑家上場，對他說：「你去和公主比賽跑，非贏不可啊！」

比賽規定：要跑到遠處有泉水的地方，舀一壺泉水後、先跑回來的人就是贏家了。健跑家和公主各拿了一個水壺同時開始起跑。公主才跑了一小段路，健跑家就跑得不見蹤影了。他跑得像風一樣迅速，很快地跑到泉水邊，裝滿一壺水就往回跑。但是跑到半路，他覺得有點累，就放下水壺，拿起一塊馬頭骨當枕頭躺下來睡著了。比常人跑得更快的公主跑到了井邊，裝滿了一壺水就又往回跑了。當她看到健跑家在路旁睡著時，高興地說：「我贏了。」她把健跑家水壺裏的水倒光，接著繼續往回跑。千里眼獵人站在城堡上看到了所發生的一切，就說：「國王的女兒別想贏我們！」立即在獵槍裏裝了　顆了彈，神準地　槍打中了健跑家頭下的馬頭骨，卻沒有傷到他。健跑家猛然跳起來，發現水壺空了，公主也遠遠地跑到前頭了。他並沒有因此氣餒，拿起水壺跑到水泉邊裝滿水跑回城堡，結果還比公主先到了十分鐘。

照約定公主就要嫁給一個普通的退役戰士，國王十分生氣又不甘心，於是和公主一起商量如何擺脫戰士和他的伙伴。國王對公主說：「不用擔心，我想了一個辦法讓他們再也回不來。」接著國王走出王宮對六個人說：「我要好好地款待你們。」然後帶他們進入特製房間，裏面的地板是鐵製的，門也是鐵製的，窗戶安裝了鐵欄杆，屋裏擺了一桌豐盛的酒菜。國王說：「進來吧！好好地享用一頓。」他立刻命令廚師在鐵板下面起火，把鐵板燒得通紅，上面的六個人開始覺得非常悶熱。起先他們還以為是喝酒的緣故，可是後來越來越熱，想出來透透氣，沒想到門被反鎖了，於是明白國王不懷好意，想把他們悶死在裏面。戴帽子的人說：「國王不會得逞的，我發出寒氣後，再旺的火也會熄滅。」他剛把帽子戴正，寒氣就冒出來了，熱氣一下子全被驅散，連桌上的菜也開始結凍了。

過了幾小時，國王以為他們都被熱氣悶死了，於是親自來開門查看。當他打開門一看，六個人好端端地站在那兒，他們說想出來取暖，裏面實在太冷了。國王怒氣沖沖地訓罵廚師一頓，責備他為什麼不按命令行事，廚師回答說：「火燒得夠旺了，不信的話，您自己去看看。」國王一看，鐵房間下面果然燃著熊熊大火，國王才明白用火是整不死這六個人。國王只好把帶頭的退伍戰士找來，對他說：「只要你不娶公主的話，要多少錢我都給你。」他回答說：「好啊！我的同伴能拿多少你就得給多少，那我就不娶公主。」國王點頭答應，戰士說：「兩個星期後，我們來拿錢。」

接著他就趕緊招募全國的裁縫，要他們在兩期內縫出一個大麻布袋。縫好後，他要那位能拔起樹的人扛著大麻袋和他一起到國王那裏。國王問：「那個扛著像房子一樣大麻袋的大力士是誰

呀？」戰士說：「他能扛走很多金子啊！」國王下令十六位壯士抬出一桶金子，大力士只用一手就扛起來放進大麻袋，並且說：「怎麼不多搬一點出來，這一點點連袋底都蓋不住！」國王只得下令把王宮的財寶全部搬出來，大力士把它們丟進大麻袋裏，但是連一半都沒裝滿，就大聲叫：「再多運些出來，這麼一點根本不夠裝。」國王只好再下令用七十輛牛車將全國的金子都運來給他，大力士把金子連車斗都裝進麻袋，然後綁緊袋口、往肩上一扛，和同伴們離開了王宮。

國王看到自己的財富全都被他們搬走了，氣憤不已，於是下令騎兵隊追趕那六個人，要把大力士扛走的麻袋奪回來。不久，兩連的騎兵追上了那六個人，對他們喊道：「你們被捕了！快放下裝金子的大麻袋，否則你們會沒命的！」用鼻孔吹氣的人問：「你們叫什麼？我就讓你們上天去跳舞吧！」說著就捏住一個鼻孔，用另一個鼻孔吹氣，結果把兩連的騎兵吹得亂七八糟，有的被吹上了天，有的被吹過了山谷，摔得滿地哀嚎。有一位在作戰時受過九次傷的勇士，自認為不該受辱，此時他不得不懇求吹氣的人饒命。吹氣的人就把氣減緩，讓勇士平安落地，他對勇士說：「現在你回去報告國王，要他再多派些騎兵來，好讓我把他們全都吹到天上去。」國王一聽報告，只好說：「他們各個身懷絕技，別再去惹那六個人吧！」

六個人順利地把錢財搬回去平分，從此過著富裕、快樂的生活。●

CHAPTER 3-9
萵苣姑娘

有一對夫妻很渴望生下一個孩子，後來妻子總算懷孕了。從他們屋子
的後面，可以看到巫婆的庭院，那裏種著許多可口的蔬菜。妻子懷孕
後看到庭院的萵苣長得翠綠鮮嫩，就一直盼望能吃到萵苣，丈夫非常
疼愛妻子，於是在天快要昏暗的時候，翻牆進入巫婆的庭院，很快地

（郵票實際尺寸：圖片尺寸=1：0.8）

德意志民主共和國（即東德）在1978年11月21日發行一款小型張，內含六枚郵票，圖案題材取自格林童話中「萵苣姑娘」〈德文的Rapunzel相當於萵苣之意〉

（郵票實際尺寸：圖片尺寸=1：1.2）

· 面值10分尼：萵苣姑娘的爸爸到巫婆的庭院偷摘萵苣時被巫婆發現。

（郵票實際尺寸：圖片尺寸=1：1.2）

· 面值15分尼：萵苣姑娘被關在塔中，巫婆抓著姑娘的長髮爬到塔頂的小窗戶。

（郵票實際尺寸：圖片尺寸=1：1.2）

· 面值20分尼：王子在塔底下呼喚著萵苣姑娘。

（郵票實際尺寸：圖片尺寸=1：1.2）

· 面值25分尼：王子爬進小窗戶，萵苣姑娘十分驚訝。

（郵票實際尺寸：圖片尺寸=1：1.2）

· 面值35分尼：巫婆用剪刀把萵苣姑娘的金色秀髮剪斷。

（郵票實際尺寸：圖片尺寸=1：1.2）

· 面值50分尼：萵苣姑娘抱住久別重逢的王子，左邊是雙胞胎的女兒、右邊是雙胞胎的兒子。

偷摘了一把萵苣就趕緊跑回來。妻子馬上用沙拉拌萵苣，一口氣就吃完了。隔天她希望能吃到更多的萵苣，丈夫只好又在傍晚偷偷地翻過牆，當他正拔了一把萵苣時，抬頭一看，巫婆正站在他面前。巫婆很生氣地指責他，他只好照實話說，希望得到巫婆的諒解。巫婆聽完就對他說：「你需要多少萵苣，我都可以給你，但是你妻子生的孩子就要送給我，我會好好地照顧他，並且使他過得很快樂。」當妻子生下一個漂亮女兒後，巫婆就把小女嬰帶走，取名為「萵苣」。

到了她十二歲時，長得更加美麗動人，巫婆怕她被人知道，就把她關在森林中一座沒有門的密閉式高塔裏，塔的頂樓只有一個小窗戶。萵苣姑娘自出生後，巫婆都沒剪過她的頭髮，所以她留了一頭長又亮麗的金髮，每當巫婆要到塔裏，就在塔底下大聲呼叫：「萵苣姑娘，把你的長髮放下來！」她就會把長髮從小窗戶向外垂下來，讓巫婆抓著長髮爬進塔裏。

萵苣姑娘獨自一個在塔裏覺得很寂寞又無聊，於是經常哼哼唱唱，消遣時間，漸漸練出一副好歌喉。有一天，一位王子經過森林，聽到優美的歌聲，於是來到塔邊，想要進去卻找不到入口，只好做罷。不過美妙的歌聲打動了王子的心，天天到塔邊徘徊。他終於看到巫婆是怎樣爬進塔裏，因此在黃昏的時候，來到塔底下學巫婆的叫聲，長髮果然放下來，王子就把亮麗的金髮當做繩梯，爬上窗口，看見大為吃驚的萵苣姑娘，馬上說出真心話：「姑娘的歌聲實在太美妙了，所以我忍不住爬上來探個究竟。沒想到姑娘長得比歌聲更迷人，你願意嫁給我嗎？」

萵苣姑娘相信年輕英俊的王子一定會比巫婆更疼愛她，況且她早就想離開無聊的高塔，所以答應了王子的請求，就說：「我很希望能和你一起走，以後你再來的時候，要記得帶些絲線，好讓我編成繩梯，我就可以脫離了。」

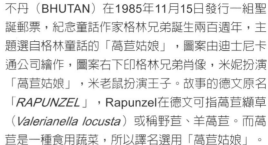

不丹（BHUTAN）在1985年11月15日發行一組聖誕郵票，紀念童話作家格林兄弟誕生兩百週年，主題選自格林童話的「萵苣姑娘」，圖案由迪士尼卡通公司繪作，圖案右下印格林兄弟肖像，米妮扮演「萵苣姑娘」，米老鼠扮演王子。故事的德文原名「*RAPUNZEL*」，Rapunzel在德文可指萵苣纈草（*Valerianella locusta*）或稱野苣、羊萵苣。而萵苣是一種食用蔬菜，所以譯名選用「萵苣姑娘」。

・面值1NU的標題是「The Prince came riding through the woods.」即「王子騎馬經過森林」之意，圖案是王子騎馬經過森林，發現一座高塔上有一位美麗的姑娘。

・面值4NU的標題是「Rapunzel waits in the tower.」即「萵苣姑娘在塔裏等待」之意，圖案是萵苣姑娘正在梳理長又亮麗的金髮。

・面值7NU的標題是「"Rapunzel, Rapunzel！Let down your hair！" cried Mother Gothel.」即「戈特爾教母叫著：『萵苣姑娘，萵苣姑娘！把你的長髮放下來。』」之意，圖案是巫婆在塔底下喊叫：「萵苣姑娘，把你的長髮放下來！」

註：故事中的巫婆被稱為「戈特爾教母」，在德文版稱為「Frau Gothel」。

巫婆選在白天來看萵苣姑娘，王子就利用天快暗的時候才來見她。有一次巫婆發現了一些絲線，萵苣姑娘被逼問、供出王子來相會的事，巫婆聽了很生氣，拿剪刀把她的金色秀髮剪斷，然後再將她拋棄到一處荒野。當天晚上，王子又在塔底下呼喚著萵苣姑娘，巫婆立即把長髮放下去，王子爬上了小窗戶卻發現站在面前的竟然是滿臉怨妒、惡毒的巫婆，頓時間嚇

· 面值8NU的標題是「The Prince ascends the
tower.」即「王子登塔」之意，圖案是王子攀爬
塔壁。

得愣住了。巫婆發出奸詐的笑聲，說：「你來得太晚了，你的美麗新娘被鬼吃
掉了，你還不走，連你的眼珠也會被挖出來！」

王子一聽滿懷悲憤，立即向窗口跳出去，結果掉入荊棘叢中，眼睛被刺傷，從
此變成瞎子。他每天在森林裏摸索，靠著一些野菜、水果充飢。過了三年多，
他終於來到萵苣姑娘被拋棄的荒野，聽到熟悉的聲音，就趕快循著聲音來到萵
苣姑娘面前。萵苣姑娘見到久別重逢的王子，興奮地衝過去，兩人緊緊擁抱在
一起，流下喜悅的眼淚。萵苣姑娘的眼淚，滋潤了王子的眼睛，使得王子恢復
眼力、又可以看得見所有的景物，這時才知道萵苣姑娘為他生下一男一女的雙
胞胎。於是，王子帶著萵苣姑娘和雙胞胎回到自己的城堡，從此以後他們過著
幸福快樂的日子。●

· 小全張面值25NU的標題是「May all live happily ever after.」即「祝大家從此永遠幸福地生活」之意，圖案是王子抱住萵苣姑娘，巫婆氣得大聲叫罵。

· 面值15NU的標題是「The Prince proposes.」即「王子求婚」之意，圖案是王子攀入窗口，向萵苣姑娘求婚。

CHAPTER 4

紀念格林兄弟誕生兩百年發行的「格林童話」專題郵票

CHAPTER 4-1
「米老鼠和米妮」扮演「紡錘、梭子和縫針」的男女主角

從前有一個女孩，在她很小的時候，父母親就去世了。村子裏住著一位老太太，平常靠紡紗、織布、縫製衣服賺錢過日子。老太太可憐小女孩，就把她帶回家，教她各種手工藝。

後來老太太在臨終前交代她說：「我要走了，這間房子就留給你吧！還有紡錘、梭子和縫針也都留給你，以後你就可以靠它們來維生。」過了不久，老太太就閉目長眠了，女孩哭得很傷心，請鄰居替老太太料理後事。

位於加勒比海的英國屬地——安提瓜和巴布達（Antigua & Barbuda）在1985年11月11日發行，紀念格林兄弟誕生兩百周年，圖案採用格林童話中「紡錘、梭子和縫針」（*Spindle, Shuttle and Needle*）的故事情節，由迪士尼公司繪作，米老鼠扮演王子，米妮化身為窮女孩。圖案右上印格林兄弟肖像。故事的德文名稱「*Spindel, Weberschiffchen und Nadel*」。

- 面值30分：標題「In Search of a Bride」即「在探查新娘」之意，圖案是王子騎著白馬到各地探查如意的新娘。
- 面值60分：標題「Finding the Shy Girl」即「尋找害羞的女孩」之意，圖案是王子從窗戶探望在屋裏紡紗的女孩。
- 面值70分：標題「Spindle Finding the Prince」即「紡錘尋找王子」之意，圖案是紡錘拖著一條金黃線追上王子。
- 面值1.00元：標題「Needle Tidying up the House」即「縫針修整房子」之意，圖案是縫針在屋車縫製窗簾，女孩感到十分驚奇。
- 面值3.00元：標題「The proposal」即「求婚」之意，圖案是王子回來找到了如意的新娘，牽著女孩的手。

從此以後，女孩單獨一人住在小屋，每天勤奮地紡紗、織布、縫衣，由於上帝賜福她，所以任何事情都做得很順利。她織的布、縫的衣，都有人出好的價錢來購買，因此她賺的錢不但夠用，還有多餘的錢幫助別人。

134　那時有位王子正在各地旅遊，目的就是要找一位合適的對象。出發前，國王交代他：「不可以選貧窮人家的女孩。」而王子卻不願意娶富有人家的女孩，因此他決定要找一個既貧窮又富有的女孩為妻子。

當王子來到女孩所居住的村子，打聽本地的富家女和貧家女，有位村民指著村子盡頭的小屋說：「最窮的女孩就住在那裏。」幾位富家小姐得到消息立即打扮地非常漂亮，趕緊出來在門口等待，當王子經過時，富家小姐連忙向前鞠躬致敬，可是王子只看了一眼，話也不說，就騎著馬過去。王子來到窮女孩的住家，發現屋子裏有一個女孩正在辛勤地紡紗，女孩抬頭一看是王子正向裏面探望，她的臉羞紅得像玫瑰花似的，趕緊低下頭，繼續紡紗。

過了一會兒，王子騎著馬離開，她走到窗戶邊，遙望著王子完全消失，才坐下來紡紗，可是她的內心卻一直想著王子，她忽然想起老太太生前在紡紗時常常哼的歌，就唱起來：「紡錘啊！我的紡錘啊！趕快出去，替我找個好新郎回來。」剛唱完，紡錘立刻從女孩的手中溜走，跳出屋外，她趕緊追出去，看了大吃一驚，紡錘跳過田野，後面拖著一條發亮的金黃線，沒多久，就不見了。因為失去了紡錘，女孩只好用梭子織布。

· 小全張面值5.00元：標題「Happily Ever After」即「之後永遠幸福」之意，圖案是王子牽著白馬、女孩坐在白馬上、紡錘綁在馬鞍上。

紡錘一直向前蹦跳，到了快要放完纏繞在上面的金黃線時，正好追上了王子。王子看到紡錘，驚訝地叫著：「這是怎麼一回事？你是來為我帶路嗎？」便立刻調轉馬頭，跟著金黃線往回走。這時候，女孩還在屋子裏工作，唱著：「梭子啊！我的梭子啊！織出漂亮的花樣吧！好把英俊的新郎帶到我家來。」梭子忽然掙脫女孩的手，跳到門外，沿著地面織出一塊漂亮的地毯。由於梭子在外面忙著織地毯，女孩子就坐下來縫衣服，拿起縫針，唱著：「縫針啊！我的縫針啊！為了新郎，你要施展好功夫，佈置我的家吧！」縫針從女孩的手指間滑出，沒多久，屋裏佈置得煥然一新，桌子、長凳全都舖上翠綠色的布，椅子套上天鵝絨布。

縫針剛縫完最後一針，女孩喜出望外地看看四周，王子騎著馬正出現於窗外。王子一下馬，就踏上門前的地毯、走進屋裏，女孩看起來像是一朵被樹葉環繞的玫瑰。王子對她說：「你是最貧窮的女孩，也是最富有的女孩，跟我來吧！你應該是我的新娘。」然後王子吻了她一下，扶她騎上馬，回到王宮裏，在那兒喜氣洋洋地舉行隆重的婚禮。新娘子用過的紡錘、梭子和縫針都被當成寶物，珍藏在王宮的寶庫裏。●

首日封

在新郵票發行首日，將新發行的郵票貼在信封上並蓋當天的郵戳，此
類信封簡稱為首日封（英文稱為First Day Cover，簡稱FDC）。

當集郵風氣在歐美國家漸漸流行後，就有一些集郵者開始找尋郵票發
行當天寄出貼該枚郵票的信封，腦筋動得快的郵商就看準商機，從郵
局得知郵票發行的確定日期，提前印製首日封，通常在橫式信封左邊
印著和新發行郵票相關的圖案和文句，供集郵者在發行首日貼上新發
行的郵票。1950年代，例如台灣、匈牙利、瑞士等國的郵政當局開始
發行空白首日封，被稱為官方首日封。

CHAPTER 4-2
漁夫和他的妻子

從前，有個漁夫和妻子住在海邊的一間小屋裏。每天一大早，漁夫帶著釣竿去釣魚，直到傍晚才回家。有一天，他拿著釣竿坐在海邊，兩眼望著清澈的海水，釣鉤忽然往下沉，沉得很深，當他把釣鉤拉上來時，發現釣上了一條很大的比目魚。比目魚竟然開口對他說：「漁夫，我並不是什麼比目魚，其實我是一位中了魔法的王子，我的肉不會合你的口味的。請你把我放回海裏，讓我游走吧！」

漁夫可憐他，「你既然會說話，當然不是一條普通的比目魚。」說完，就把比目魚放回海裏。比目魚立刻就游走了，在海面上留下一道長長的血跡。

漁夫回到家，他的妻子問道：「今天沒釣到魚嗎？」他回答說：「我釣到了一條比目魚，可是他說他是一位中了魔法的王子，我就把他放了。」「難道你沒有向他要求些什麼嗎？」妻子問。漁夫回答說：「沒有啊！我該提什麼願望呢？」妻子說：「唉啊！我們一直住在一間簡陋的小屋裏，實在是很難過。你應該向他要求一座像樣的房舍呀！快去找他，我相信他會答應的。」

漁夫說：「可是，我怎麼再去找他呢？」妻子說：「你捉到他，又把他放了，他肯定會報答你的，快去吧！」漁夫雖然不太願意去，可是又不想惹妻子生氣，只好再去海邊。當他來到海邊時，海水變得綠中帶黃，也不像往常那樣平靜。漁夫站在岸上大聲呼叫：「比目魚啊！請你快游出來吧！我太太要求你報答我們。」那條比目魚立即游過來，問道：「她想要什麼呢？」漁夫說：「她想要一幢別墅。」比目魚說：「你可以回去了，她已經有一幢房舍了。」

漁夫趕緊跑回去，一看，小屋的原地變成矗立著一幢房舍，妻子正坐在門前的一條長凳上。妻子看見漁夫回來了，就拉著他的手說：「快進來看一看，的確比小屋舒適多了。」

隨即，他們進了房舍，裏面有一間小前廳、一間漂亮的客廳、一間乾淨的臥室，臥室裏擺放著一張床，還有一間廚房和食物貯藏室，裏面擺放著必備的家具、錫和銅製成的餐具。還有一個養著雞鴨的庭院，和一片長滿蔬菜、水果的園地。夫妻看了都很滿意，漁夫：「咱們就住在這裏，快快樂樂地過日子吧！」妻子說：「我還要想一想。」他們高高興興地吃完晚飯，就上床休息了。

就這樣過了兩個星期，妻子認為房舍和庭園都太小，對漁夫喊叫：「比目魚既然可以把小屋變成房舍，也一定有辦法送我們一幢更人的房了。我覺得如果能住在一座石頭建造的城堡裏就太好了，你快去找比目魚吧！」

漁夫說：「這棟房舍不是夠舒適了嗎？幹嘛非得要住在城堡呢？」妻子回答：「廢話少說，你只管去找比目魚好啦，他一定會完全滿足我們的願望的。」漁夫說：「不行啊！比目魚已經送

位於加勒比海的格雷那達（GRENADA）在1985年11月4日發行，紀念格林兄弟（THE BROTHERS GRIMM印在圖案左下）誕生兩百年，圖案選自格林童話中「漁夫和他的妻子」的故事情節。德文原名「*Vom Fischer und seiner Frau*」，英文版的譯名「*The Fisherman and His Wife*」（印在圖案右下）即「漁夫和他的妻子」之意。

· 面值30分：標題是「Fisherman catches an enchanted fish.」即「漁夫抓到一條中了魔法的魚」之意，圖案是高飛狗扮演漁夫釣到一條會講話的大魚。

· 面值60分：標題是「Ilsebill asked for a better life.」即「漁夫的妻子——乙則比爾要求過更好的生活」之意，圖案是漁夫的妻子要漁夫去找比目魚。

· 面值70分：標題是「It's the cottage of their dreams.」即「它是他們夢想的房舍」之意，圖案是漁夫的妻子想要的房舍。

· 面值1.00圓：標題是「"If I could be King, I would be Emperor."」即「如果我能當國王，我將可成皇帝」之意，圖案是漁夫的妻子當上國王還不滿意，叫漁夫去找比目魚讓她成為皇帝。

· 面值3.00圓：標題是「Home is where the heart is.」即「家即愛心之處」之意，圖案是一切回復原狀，漁夫很認命掛了一塊板子上面寫著「甜蜜的家」（HOME SWEET HOME），漁夫的妻子露出悔不當初的表情。

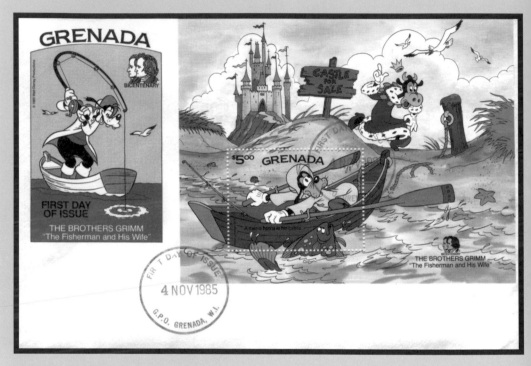

（郵票實際尺寸：圖片尺寸=1：0.7）

・小全張的面值5.00圓：標題是「A man's home is his castle.」即「一個人的
　家是他的城堡」之意，圖案是漁夫的妻子當上國王還不滿意，想把城堡賣
　掉，在沙丘上豎立了一個「城堡求售」（CASTLE FOR SALE）的木板，跑
　到岸邊，叫漁夫去找比目魚，漁夫划著小漁船，比目魚浮出海面。附圖是小
　全張的發行首日封（FIRST DAY OF ISSUE），左側圖案是高飛狗扮演漁夫
　釣到一條大魚。

給我們一幢房舍，我們不應該再去求他，他會不高興的。」妻子大聲叫著：「他辦得到的，快去吧！」漁夫雖然不願意，但是受不了妻子不停地嘮叨，只好勉為其難地去了。當他來到海邊時，海水不再是綠中帶黃，已變得混濁不清，時而暗藍，時而深紫，時而灰黑，不過仍然很平靜。漁夫站在岸邊對大海呼喚：「比目魚啊！求你快游出來吧！我太太又不肯聽我的。」

比目魚立即游過來，問：「那麼，她想要什麼呢？」漁夫心裏有幾分害怕，膽怯地說：「她想住在一座石頭建造的城堡裏。」比目魚說：「回去吧！她已經站在城堡的門口了。」

漁夫於是往回走，到了原來的地方，看到那裏矗立著一座石頭建造的城堡，非常宏偉壯觀。太太站在台階上，正準備進去，一見丈夫回來了，就拉著他的手說：「快，快跟我進去。」

他和太太走進城堡，看到大廳舖著大理石，許多僕人在伺候，為他們打開一扇又一扇的大門；牆壁掛著色彩豔麗的裝飾品，房間裏擺放著許多黃金打造的桌椅，地板上都舖著柔軟的漂亮地毯，桌子上擺滿了豐盛的美味佳餚，頂級葡萄酒和各種名貴的餐具。城堡後面有一個大庭院，裏面的馬廄、牛棚養著不少馬匹和牛隻，停了一輛華麗的大馬車；還有一座美麗的大花園，花園裏開滿了萬紫千紅的花朵、生長著不少名貴的水果樹；另外還有一座大樂園，有鹿啊、兔啊等各種可愛的動物。妻子看了很滿意，漁夫說：「我們一輩子能住在這座美麗的城堡裏，總該心滿意足了

· 匈牙利郵政（MAGYAR POSTA）在1979年12月29日為配合聯合國宣導的國際兒童年（標誌印在圖案左上，象徵小朋友迎向光明），發行了一組童話專題郵票，其中面值1 Ft 的主題是「漁夫和金魚」，圖案：漁夫釣到金魚王，設計者在金魚頭上加了一頂王冠。

吧！」妻子說：「還要再想一想，不過現在該上床休息了。」

第二天早晨，妻子先醒了，當她坐在床上看到窗外一大片富饒的田園，景色優美。她就用手肘捅了丈夫的腰，然後說：「起床吧！快點兒跟我到窗前來，瞧！外面那片土地不是我們的嗎？難道咱們不可以當這個國家的國王嗎？快去找比目魚說咱們想要當國王。」

漁夫說：「幹嘛要當什麼國王呢？我才不想幹……」妻子搶著說：「喂！你不想當，我可想當。快去找比目魚，告訴他說我想要當國王。漁夫叫嚷著：「唉！你要當國王幹什麼呢？我跟他說不出口呀！」「為什麼說不出口呢？」妻子反駁說：「你快點兒給我去，我非當國王不可。」一想到妻子要當國王，漁夫就擔憂不已，還是心不甘情不願地來到海邊時，海水一片灰黑，波濤洶湧，從海底翻湧上來的海水散發著惡臭。他站在海邊呼叫：「比目魚啊！拜託你趕快游出來吧！我太太又要我來求你。」比目魚問：「這一次她想要什麼呢？」漁夫回答說：「她想要當國王。」比目魚說：「回去吧，她的心願已經實現了。」

漁夫回去後，他發現城堡變成了一座壯觀的宮殿，高塔的塔身上有漂亮的雕飾。英挺的守衛站在宮殿門口，還有一支樂隊敲鑼打鼓，聲勢

浩大。他走進宮殿，看見每樣東西都是黃金和大理石做成的；桌椅上舖著天鵝絨，垂掛著很大的金流蘇。門一道一道地打開了，整座王宮處處呈現著富麗堂皇。他的妻子就坐在鑲著鑽石和黃金的寶座上，頭戴著一頂大的金冠，手握一根用純金和寶石做成的權杖，大臣和宮女排在寶座的兩旁。漁夫走上前去對她說：「你真的當上了國王嗎？」

妻子回答說：「是啊！現在我就是國王了。」他把妻子打量後，過了一會兒說：「如今你當了國王，總該心滿已足了，以後就不再要什麼了吧！」妻子的心情開始煩躁起來，說：「我已經感到無聊得很，再也無法忍受了。快去找比目魚，告訴他說我要當皇帝。」漁夫納悶地說：「你幹嘛要當皇帝呢？」妻子說：「你趕快去就是了，幹嘛問那麼多？」

漁夫回答說：「我不想再對他提出要求，整個帝國就只有一個皇帝呀！比目魚怎能隨便讓誰當皇帝呢？我想他確實沒辦法答應你。」妻子大聲喝道：「你說什麼！我現在是國王，你只不過是我的丈夫而已，你敢不聽我的命令！他既然可以使我當上國王，他也能使我當皇帝。我一定要當皇帝，馬上給我去！」漁夫不得

（郵票實際尺寸：圖片尺寸=1：1.4）

· 德國（Deutschland）在1997年發行歐羅巴
（EUROPA歐洲郵政電信部長會議）郵票，
面值80分尼的主題是「漁夫和他的妻子」
（「*Vom Fischer und seiner Frau*」印在圖案
左側），圖案：漁夫手持釣魚桿、驚訝地看到
自己的太太已經變成女王非常得意地坐在王位
寶座上，背景是漁夫釣到比目魚（兩眼均位於
身體的左側而得名）王。

不去，他走在路上時，心裏感到非常害怕，邊走邊想：「要當皇帝！臉皮真是太厚啦！如果比目魚惱怒了，怎麼辦呢？」當他來到海邊時，只見海水更加烏黑、混濁，不僅洶湧翻騰，而且陣陣旋風幾乎要把整個海面捲起來，漁夫感到心驚膽顫。不過，他還是站在海岸上呼喊：「比目魚啊！懇請你趕快游出來吧！我太太又要我來求你。」比目魚問：「這一次她又想要什麼呢？」漁夫回答說：「她想要當皇帝。」比目魚說：「回去吧，她的願望已經實現了。」

漁夫回來時，發現整座宮殿都由研磨拋光的大理石砌成，石膏浮雕和純金裝飾到處可見。樂儀隊正在宮殿前行進演練，號角聲、鑼鼓聲響徹雲霄。在宮殿裏，王公貴族為他打開好幾道純金鑄造的廳門，他走進一看，妻子正坐在用黃金鍛造而成的寶座上，頭上戴著一頂大的金製皇冠，上面鑲嵌著無數珠寶，一手握著皇帝權杖，另一手托著金球。在她的兩側，站著兩列侍從，按照高矮排得很整齊，她的面前還侍立著不少王公貴族。漁夫走過去，站在他們的前排中間，說道：「這回你真的當上了皇帝啦？」她回答說：「是啊！我真的當上皇帝了。」

漁夫往前移動了幾步，想好好地看看她，接著說：「唉呀！你當

上了皇帝，真是太奇妙了！」她對漁夫說：「喂！你還站在這裏發什麼呆？我現在當上了皇帝，可是我還想當教皇，快去找比目魚告訴他。」漁夫說：「你到底想當什麼呀？整個基督教世界教皇只有一個呀，比目魚無法使你當教皇。」她說：「我要當教皇。快去吧！我今天就要當教皇。」漁夫回答說：「不行呀！我可不想再去勞煩比目魚，那太過分啦！」她固執地說：「好啦，別再囉嗦，他既然能讓我當上皇帝，他當然也能夠讓我當教皇。我是皇帝，你只不過是我的丈夫而已，你馬上就去！」

漁夫一想到每次到達海邊時，海面的景象愈變愈恐怖，心中十分畏懼。他走在路上，感到渾身發軟，四肢顫抖不已。到了海邊，天空烏雲密佈、狂風怒吼，驚濤駭浪拍擊岸邊。他看見遠方海面上的船隻忽上忽下，似乎要被巨浪吞沒，燃放求救的信號。天空一片火紅，只露出一點兒藍光，好像一場暴風雨即將來臨。漁夫站在那裏，渾身顫抖地呼喊：「比目魚啊！求求你趕快游出來吧！我太太又要我來找你。」比目魚問：「這一次她還想要什麼呢？」漁夫回答說：「她想要當教皇。」比目魚說：「回去吧，她已當上了教皇。」

漁夫回到原來的地方，發現皇宮已經被一座莊嚴的大教堂取代，

信徒們像潮湧般擠著往裏面走。大教堂裏點燃著上千盞亮麗的燈火，光芒照燿全場通明，妻子全身上下穿戴著金子，坐在更高更大的寶座上，頭上戴著三重大金冠。教會中的眾多主教簇擁在她的周圍，她的兩側豎立著兩排蠟燭，最大的一根就像一座高塔，而最小的一根則和普通的蠟燭差不多。天下所有的皇帝和國王都跪在她的面前，爭先恐後地吻她的鞋子。

漁夫對妻子說：「你終於如願當上了教皇。」她回答說：「是啊！我已經成為教皇了。」漁夫上前去，把妻子好好打量了一番，覺得她像似光輝燦爛的太陽，看了一會兒，他說：「你已經當上了教皇，這下真的該滿足了吧！」可是她坐在寶座上一動不動。接著他又說：「當了教皇已經是全世界最尊榮的地位，不可能再奢求還有更高的什麼啦！」妻子似乎仍然不滿足地回答：「我還得再想一想。」。說完，他們兩人就上床休息了。漁夫因為白天跑了很多的路，所以一上床就呼呼大睡。可是妻子呢？她還是感到不滿足，貪得無厭的慾望使她左思右想，一直思索自己還能成為什麼。在床上輾轉久久難入眠，所以整晚睡不著。

太陽快要出來時，她看見黎明的曙光，就從床上坐起身來，望著窗外，看見一輪紅日冉冉升起，靈機一動、突發怪念頭：「哈哈！難道我不能對太陽和月亮發號施令嗎？」於是她用手肘撞漁夫的腰，說：「快起來，去找比目魚去，告訴他我要當神操控太陽和月亮。」漁夫睡得迷迷糊糊，聽她一說，嚇得從床上滾了下

來，還以為自己聽錯了，就揉揉眼睛，大聲地問：「太太，你說什麼？」她說：「要是我不能當神操控太陽和月亮，我一刻也受不了、活不下去了。」

她立即以兇狠的眼神瞪著漁夫，嚇得他不寒而慄。她開始喊叫：「快去！我要成為太陽和月亮的主人。」漁夫跪在她面前說：「上帝啊！我的太太呀！比目魚根本辦不到，他可以使你成為教皇，已經是太好了。求求你，不要再奢望更多啦！」妻子聽了，勃然大怒，使勁地甩著頭髮，對著漁夫狠狠地踢了一腳，兇悍地吼叫：「我再也無法忍受了！你到底去不去！」漁夫趕緊穿上衣服，拔腿就跑出去。

這時，外面正颳著狂風，差點把他吹走，房屋和樹木都被吹倒，山崖的巖石紛紛滾落大海中。天空雷鳴電閃，一片漆黑，大海掀起黑色巨浪有如山嶺一樣高，翻湧著白波沖到岸邊。漁夫嘶聲力竭地喊道：「比目魚啊！求求你趕快游出來吧！我太太又要我來找你。」比目魚問：「她到底想要什麼呢？」漁夫無奈地說：「她想要當神。」比目魚說：「回去吧！她正坐在你們原先住的小屋前面。」

所有的一切又回復原狀，漁夫和他的妻子一直住在那裏過活。●

CHAPTER 4-3
小矮人和鞋匠

格林童話的德文原名「Die Wichtelmänner」即「小精靈」之意，英文版取名
「The Elves and the Shoemaker」即「小矮人和鞋匠」之意。

從前有個貧窮的鞋匠，後來窮到只剩下一張可以做一雙皮鞋的牛
皮。傍晚的時候，他把這張牛皮裁剪成鞋樣，打算明天一早再製
成皮鞋。然後他就上床休息，睡前還做了祈禱。由於他為人正
直、問心無愧，所以一上床就睡得很入眠、一覺睡到天亮。

隔天一大早，他祈禱完畢，穿好衣服，走到工作台前正準備要做
皮鞋，卻很驚奇地發現，皮鞋已經做好了，到底是怎麼一回事。
他拿起皮鞋仔細查看，做工非常精細，沒有一針縫得馬虎，這雙
皮鞋好像是出自製鞋大師傅的傑作。

過不久，有一位顧客走進來，他一見這雙精工巧製的皮鞋就愛不
釋手，立即出了高價買下了這雙皮鞋。鞋匠就有了足夠的錢去買
可以做兩雙鞋的牛皮。

第二天早上，當鞋匠要準備工作時，卻發現兩雙皮鞋已經做好
了。開店不久，又有顧客看了很中意，多付一倍的錢，買走了新

位於加勒比海的格雷那達附屬地（Grenada GRENADINES）在1985年11月27日發行，紀念格林兄弟誕生兩百年（THE BROTHERS GRIMM BICENTENARY），圖案選自格林童話中「小矮人和鞋匠」的故事情節。

· 面值30分：標題是「The shoemaker's business is falling.」即「鞋匠的生意直直落」之意，圖案是米老鼠扮演鞋匠站在鞋店門口，立了一個結束營業的半價拍賣告示板。
· 面值60分：標題是「Two elvoo lond a hand.」即「兩個小矮人助一臂之力」之意，圖案是米老鼠扮演鞋匠和米妮扮演妻子正注視著兩個小矮人在做皮鞋。
· 面值70分：標題是「The shoemaker discovers a new pair of shoes.」即「鞋匠發現一雙新鞋」之意，圖案是米老鼠扮演鞋匠發現工作台上擺著一雙新皮鞋。
· 面值4.00圓：標題是「The shoemaker's wife makes tiny clothes.」即「鞋匠的妻子做小衣服」之意，圖案是米妮扮演妻子用縫紉機縫製小衣服。

· 小全張的面值5.00圓：標題是「Now prosperous, the shoemaker and his wife bid farewell to the elves.」即「現在生意興隆，鞋匠和他的妻子向小矮人道別」之意，圖案是米老鼠扮演鞋匠和米妮扮演妻子對兩個穿上新衣、新鞋的小矮人說再見。

製的皮鞋。鞋匠又利用賣得的錢再去買了可以做成四雙鞋的牛皮。第三天早上起來，鞋匠又發現裁好的鞋樣已經做成四雙精美的皮鞋。

就這樣，鞋匠在每個晚上裁剪好的皮料，隔天一早就變成了縫製好的皮鞋。同樣的情形一再發生，鞋匠因此生意興隆，他也成為一個有錢的人。

聖誕節的前幾個晚上，鞋匠裁好鞋樣，在上床睡覺前，對妻子說：「今晚我們不要睡覺，看看到底是誰暗中在幫助我們，好不

好？」妻子欣然同意，並點燃了一根蠟燭。隨後夫妻兩人就躲在衣櫥的後面，注意著周圍的動靜。午夜一到，出現了兩個光著身子的可愛小矮人，他們坐在鞋匠工作台前，剛一坐下，就拿起裁剪好的皮料，用他們纖細的手指熟練地做鞋，先拿針線縫刺、接著用木槌又是敲又是打，最後把鞋邊修得很滑順。夫妻兩人都看得目瞪口呆，對小矮人的精湛手藝讚佩不已。他們把做好的皮鞋放在工作台上，一雙接一雙擺得很整齊，還把工具整理得井然有序，然後一溜煙似地跑走了。

第二天早上，鞋匠的妻子對他說：「原來是這兩個小矮人幫我們賺了不少錢，我們應該好好感謝他們才對。他們光著身子在半夜裏跑來跑去，一定會覺得很冷。所以我打算給他們每人做一件小襯衫、一件小背心和一條長褲，再給他們每人織一雙小襪子，你就給他們每人做一雙小鞋吧！」鞋匠很贊成這個好主意。

隔天早上，夫妻就開始忙著準備送給小矮人的禮物。到了晚上，禮物總算全都做好了，他們把禮物放在工作台上，沒有再放裁剪好的鞋樣皮料。然後夫妻兩人又躲起來，想看看兩個小矮人見到禮物時的反應。

午夜時分來臨，兩個小矮人又蹦蹦跳跳地出現了，準備馬上開始做皮鞋，可是找不到裁剪好的皮料，卻發現了兩套漂亮的小衣服、小襪子和小皮鞋，他們高興得手舞足蹈起來。兩個小矮人很快地穿上衣服、襪子和皮鞋，接著唱起來：

「我們穿得體面又漂亮，何必還要當個皮鞋匠！」

他們倆在椅子和工作台上又蹦又跳，高興的不得了，最後蹦蹦跳跳著離開了。從此以後，兩個小矮人再也不曾出現，而鞋匠則一直過著富足、如意的日子。●

CHAPTER 4-4
「唐老鴨」化身「萬知博士」

以前有一個窮苦的農夫，叫做克拉伯（德文就是螃蟹），有一天用兩頭牛拖著一車的木柴到城裏去，原來是農夫將木柴運來賣給博士，當農夫向博士收錢的時候，博士正準備享用豐盛的大餐，農夫看了很羨慕，於是請教博士：「我能不能過著和你一樣的好日子？」

博士對農夫說：「注意聽我的話，第一、要買一本入門的書，就是封面翻過去的第一頁畫著一隻公雞。第二、把你的車和牛賣掉，用錢去買幾件體面的衣服和其他必要的東西。第三、做一塊「萬知博士」的招牌，掛在你家的大門旁。」農夫回去後，就立刻照博士的指示去做。

過不久，一位富有的爵士被偷了一筆錢，有人告訴他村裏有一位「萬知博士」，應該知道錢是被誰偷的。於是爵士就趕緊坐馬車來村裏找「萬知博士」，請克拉伯幫他找回失竊的錢。克拉伯說：「不過我的妻子一定要和我一起去。」爵士答應他們夫妻兩人一起陪他回家，到了爵士家，克拉伯請求讓他的妻子也能和他一起用餐，爵士也答應了，夫妻就上桌。過了一會兒，第一個僕

於印度洋的馬爾地夫共和國（Republic of MALDIVES）在1985年12月21日發行，紀念格林兄弟誕生兩百年（THE BROTHERS GRIMM BICENTENARY），圖案選自格林童話中「萬知博士」的故事情節，圖案左上的圓圈內是格林兄弟肖像，故事的主角由迪士尼卡通人物的唐老鴨擔任。「萬知博士」的英文版名稱是「*Doctor Knowall*」，德文原名是「*Doktor Allwissend*」。

· 面值1L：標題是「Poor Crab drives an oxcart.」即「貧窮的克拉伯駕駛一輛牛車」之意，圖案是唐老鴨扮演貧窮的克拉伯駕駛一輛兩頭牛拉的車。

· 面值5L：標題是「The Doctor opens an office.」即「博士開了一間辦公室」之意，圖案是唐老鴨扮演博士開了一間辦公室，大門旁掛了一塊招牌「我是萬知博士」。

· 面值10L：標題是「He certainly looks like a doctor.」即「他看起來像個博士」之意，圖案是唐老鴨扮演克拉伯穿上很體面的衣服，櫃子上擺滿了各種藥瓶，桌上放了一本入門的書和搗藥粉的碗，桌子的抽屜分別放了「藥丸」（PILLS）、「藥膏」（SALVE）、「小藥丸」（PELLETS）、「鹽劑」（SALTS）。

· 面值15L：標題是「Surely you know who stole the money.」即「你確定知道誰偷了錢」之意，圖案是爵士帶萬知博士到藏錢的地方，對他說：「你確定知道誰偷了錢」。

·面值Rf 3：標題是「Rich Doctor
Knowall drives a stylish rig.」即「有
錢的萬知博士駕駛一輛時髦的馬車」之
意，圖案是唐老鴨扮演萬知博士駕駛一
輛四輪馬車、旁邊坐著是黛西鴨扮演萬
知博士夫人。

·面值Rf 14：標題是「"I know you're in
there somewhere."」即「我知道你在
那裏某處」之意，圖案是唐老鴨扮演萬
知博士翻著書說：「我知道你在那裏某
處」躲在暖爐裏的僕人聽到了，以為在
說他，嚇得爬出來。

·小全張面值Rf 15：標題是「The Doctor receives his reward.」即「博士收到他的報酬」之
意，圖案是唐老鴨扮演萬知博士收到報酬後、和富有的爵士握手道謝，黛西鴨扮演萬知博士
夫人穿著漂亮的禮服。

人端了一大盤好菜上桌，克拉伯推了他的妻子，就說：「這是第一個。」原來克拉伯的意思是指第一個端菜的僕人，而這個僕人剛好就是竊賊之一，他以為這句話的意思是指第一個竊賊，由於做賊心虛，出去後立刻告訴其他的僕人：「那位先生真是無所不知，已經知道我是竊賊。」第二個僕人聽了，簡直不敢進餐廳，但是不送也不行，當他端菜進來時，克拉伯又推了他的妻子，就說：「這是第二個。」那個僕人聽了嚇得趕緊跑出去。第三個僕人進來時，克拉伯又對妻子說：「這是第三個。」當第四個僕人端上一盤有蓋子的菜盤時，爵士要試試他的真本領，說：「萬知博士猜猜蓋子裏裝什麼！」克拉伯看了盤子不知如何是好，嘆氣說：「可憐的克拉伯！」原來裝的是螃蟹，克拉伯就是德文螃蟹的發音。爵士聽了，大聲叫：「你真的是無所不知，那麼你也應該知道誰偷了我的錢啊！」

僕人們都很害怕，於是向克拉伯使眼色，請他到外面，出去後，四個人向他承認錢是他們偷的，並且哀求他不要對爵士說出實情，因為說出來，他們都會沒命，而僕人們願意付他一筆酬勞，接著帶他到藏錢的地方。克拉伯答應僕人們的哀求，回到餐廳坐在爵士的旁邊，說：「爵士，我要用我的書幫你找出錢來。」第五個僕人也參與偷錢，就躲在暖爐裏，想聽聽萬知博士還知道些什麼事。」克拉伯坐在椅子上，翻開書想找出畫公雞的那一頁，一時找不到，就故意說：「你一定在裏面，給我出來！」躲在暖爐裏的僕人聽到了，以為在說他，嚇得爬出來叫著：「這個博士真的是無所不知啊！」

克拉伯就把藏錢的地方指給爵士看，但是沒說是誰偷的。所以萬知博士從雙方得到不少報酬，因此他成為一位很有名氣的人。●

CHAPTER 4-5
魔神和他的祖母

格林童話的德文原名「Der Teufel und seine Großmutter」即「魔神和他的祖母」之意，英文版取名「The Devil and His Grandmother」。

有一位國王對部屬很刻薄，後來爆發了一場大戰，招募了許多士兵，發給士兵的軍餉卻少得可憐。出征的軍隊中有三個士兵實在是受不了，於是相約逃跑。其中一個士兵對另外兩個說：「如果我們逃跑，要是被抓到的話，就會被絞死，該怎樣才能順利地逃走呢？」另一個說：「瞧那邊不是塊玉米田嗎？如果我們藏到裏面，誰能找到我們？再說，部隊又不許進入玉米田，何況明天他們就要出發了！」三人商量後，就在當晚逃離營地，躲進了玉米田。不過部隊並沒有如他們所預期的離開，而且繼續駐紮在玉米田的周圍。三人躲在裏面餓了兩天兩夜，不敢跑出來。他們想：「如果現在走出來，那是必死無疑。唉啊！該怎麼辦呢？」就在這時，有一條火龍從空中朝他們飛下來，問他們為什麼哀聲嘆氣。他們告訴龍說：「我們三個都是當兵的，由於待遇太差了，所以就脫逃。可是躲在這裏我們只會餓死，就是出去也會被絞死。」龍說：「只要你們答應在七年後，甘願當我的奴僕，我就把你們帶出去，保證不會被抓到。」他們回答：「既然如此，我

們還有什麼辦法呢？」於是龍用爪子抓起他們三個，飛越軍隊駐紮地的上空，最後把他們放到遠處的地上。

原來這條龍是一個魔神，他給了三人一條鞭子，說：「只要將鞭子用力揮一揮，錢就會出現，你們就可以過著像富翁的生活，買豪華的馬車、到處去旅行。可是七年一過，你們就得聽我的使喚。」接著拿出一本簿子，叫每個人一一簽字。龍又說：「不過到那時，我會出三個謎題讓你們猜，如果猜對的人，就自由了，不再受我的管束了。」說完，龍就飛走了。

他們就帶著鞭子開始旅行，果然揮出了很多錢。他們換上了華麗的衣服，住的是富麗堂皇的宮殿，吃的盡是山珍海味。也買了豪華的馬車、到處去旅遊，不過他們也沒做什麼壞事。時光飛逝，轉眼間，七年期限就到了。其中兩個就焦慮不安起來，而另一個卻很鎮定地說：「兄弟們，別害怕，以我們的聰明、機智，準能猜得出謎底。」於是他們來到開闊的原野散散心，但是兩人仍然很沮喪。這時，一位老太婆走過來，問他們為何愁容滿面。其中一個嘆氣回答：「唉！就算您知道了，也幫不上忙。」老太婆說：「只要把你的心事告訴給我，放心，我一定能幫得上忙！」於是三人就將遇到魔神變成的龍，和所有經過的事情全都告訴她。老太婆聽完說：「你們若想得救，其中一人就得走進森林裏，找到一塊像屏風般的岩石，其實是間小屋，只要能跨得進去，就有辦法排除困難。」兩位悲觀、消極的士兵認為老太婆所說的哪能救我們，垂頭喪氣地坐著不動。而那位樂觀、積極的士兵卻站起來，立刻往森林走去。他找到了石頭屋並且鑽了進去，屋裏坐著一位老婆婆，她就是魔神的祖母。她問士兵到這裏來要幹什麼？士兵把之前遇到的一切都告訴了她，老婆婆很喜歡這位士兵，起了憐憫心，答應幫他。接著，她就掀開地窖上的一塊大石板，對士兵說：「你躲進去，在地窖裏聽得到上面的人所講的

位於加勒比海的雷東達（Redonda）在1985年發行，紀念格林兄弟誕生兩百年（THE BROTHERS GRIMM BICENTENARY），圖案選自格林童話中「魔神和他的祖母」的故事情節，狄士尼公司取名為「*THE DRAGON AND HIS GRANDMOTHER*」即「龍和他的祖母」之意。

註：雷東達現今是安提瓜和巴布達的屬地（a dependency of the country of Antigua and Barbuda），**島上已經無人定居。**

- 面值30分：標題是「The dragon finds three soldiers in a cornfield.」即「龍發現三個士兵在玉米田裏」之意，圖案是米老鼠、唐老鴨、高飛狗扮演三個士兵。
- 面值60分：標題是「At the crack of the whip, gold appeared.」即「鞭子揮拍，金子出現了」之意，圖案是米老鼠揮拍鞭子。
- 面值70分：標題是「The dragon's grandmother sends the soldier on his way.」即「龍的祖母送士兵上路」之意，圖案是龍的祖母叮嚀米老鼠、背景是石屋。
- 面值4.00圓：標題是「The dragon reveals the riddle to his grandmother.」即「龍將謎題透露給他的祖母」之意，圖案是龍將謎題告訴他的祖母，米老鼠躲在地窖偷聽。

・ 小全張面值5.00圓：標題是「The merry soldier outwits the dragon.」即「興
　高采烈的士兵以機智勝過龍」之意，圖案是米老鼠和高飛狗相互握手，龍坐
　在地上氣得要死，地上的紅皮書是謎題書（RIDDLE BOOK）。

話，坐好以後就不要動。等會兒龍來了，我會問他那些謎題，我有辦法使他告訴我答案，你要仔細聽好，把聽到的牢牢記住。」

到了午夜時分，龍果然飛回來要吃飯。老祖母擺了一桌上好的酒菜，魔神看了很高興，他一邊吃喝，一邊和老祖母聊天。老祖母問他今天有什麼收穫？龍說：「今天運氣可真不好，不過以前我曾經抓到三個逃兵，他們將會受我擺佈。」老祖母說：「三個士兵！他們可真有兩下子，他們會逃走的。」魔神輕蔑地笑著說：「逃不了的，那些傢伙絕對無法解出我給他們猜的謎題。」老祖母問：「是什麼樣的謎語呢？」魔神說：「想知道，我就告訴你吧！在北海有隻死了的長尾猿是他們的烤肉，鯨魚的肋骨是他們的湯匙，中間凹陷的老馬蹄是他們的酒杯。」等魔神睡著之後，老祖母掀開石板，讓士兵上來，說：「聽到的話都記牢了嗎？」「聽清楚，都記住了，感恩不盡。」士兵向老婆婆敬禮答謝後，立即悄悄地從窗戶爬出去，以最快的速度跑到同伴身邊，告訴他們魔神的祖母如何套出魔神的謎題。另外兩個士兵聽了高興極了，拿起鞭子揮拍，地上果然出現了許多錢，滿地亂滾。

七年的期限到了，魔神帶著那本簿子出現，讓他們看看自己簽過的字，說：「跟我到地獄吧！要是哪一個能猜出你們將吃到什麼樣的烤肉，他就自由了，這條鞭子可以留著不必還我。」第一個士兵回答：「北海有隻死的長尾猿，那肯定是烤肉。」魔神又驚又氣，又問第二個士兵：「那你們用的是什麼樣的湯匙？」士兵回答：「鯨魚的肋骨將是我們的湯匙。」魔神這下氣壞了，對第三個士兵咆哮著問：「喂！你可知道酒杯是用什麼做的嗎？」「老馬蹄將是我們的酒杯。」三個士兵都答對了，魔神氣得說不出話來，他的魔力再也管不了他們，怒吼過後、長嘯一聲飛走了。從此他們三人利用那條神奇的鞭子，需要錢的時侯就揮幾下，一起過著富裕、悠哉的日子，直到終老。●

CHAPTER 4-6
「唐老鴨的小鴨兒」扮演「三兄弟」

從前，有個人有三個兒子，除了他所住的房子，就沒有什麼財產了。三個兒子長大後，都希望在父親死後得到那棟房子，可是老人對他們三個兒子一樣疼愛，不知該把房子給誰好。除非把房子賣掉，再把錢分給他們，然而房子是祖先流傳下來的，老人捨不得賣掉。終於他想出了個好主意，他把三個兒子叫到面前說：「現在你們都出外去學本領，待學成歸來，彼此較量一番，我就把房子傳給本領最高的人。」

兒子們都贊同父親的好主意。老大要去當鐵匠，老二想當理髮師，老三打算去學劍術。他們約好了回家「比賽」的時間，就各奔前程了。

他們都很幸運各自找到了技藝高超的師傅，學會了高超的技藝。老大被國王選中、專為國王的坐騎打鑄馬蹄鐵，心想：「房子肯定是我的啦！」成為理髮師的老二專為達官貴人理髮、修面，認為房子應該是歸他的。學劍術的小弟卻沒有那麼順利，屢次被擊中，不過還是咬緊牙根撐過來了，他想：「如果我怕練習，爸爸就不會把房子傳給我。」

．．．．．．．．．．．．．．．．．．．．．．．．．．．．．
．．．．．．．．．．．．．．．．．．．．．．．．．．．．．
．．．．．．．．．．．．．．．．．．．．．．．．．．．．．

三兄弟按照約定的時間時回到了家，不過他們不知道如何找到最好的機會來展示各自的本領，三人只好坐下來商量。就在這時，一隻野兔突然從菜園跑過來，「哈哈！來得正是時候。」理髮師說著，立刻端起臉盆和肥皂，快步地追上野兔，用肥皂泡抹在野兔的頦上，當野兔還在奔跑的同時，非常迅速地刮下了野兔的鬍鬚，絲毫不傷到牠的體膚。老人稱讚老二：「真是好功夫，如果你的兄弟不及你，房子就歸你啦！」

過了一會兒，有一位貴族乘著馬車飛奔而來。鐵匠說：「爸爸，看我施展的本領吧！」只見他跑了幾步就追上了馬車，瞬間就把一匹奔馳的馬換上了四個嶄新的馬蹄鐵。「真了不起！你們兄弟的本領不相上下，房子該給誰才好呢？」父親說著、露出很為難的表情。

這時候天空正巧下起雨來，老三說：「爸爸，我也來露一手給您看看！」只見他拔出劍，在頭頂上不停地揮舞起來，雨水竟然一滴水都沒落在他的頭上。雨越下越大，後來甚至傾盆而下，只見他手中的劍揮得更快，身上仍沒沾到一絲一毫的雨滴，彷彿處在

· 面值1LEU：三隻小鴨扮演三兄弟要出外學藝，告別了唐老鴨爸爸。

· 面值1LEU：當鐵匠的大兒子把一匹奔馳的馬換上了四個嶄新的馬蹄鐵。

· 面值1LEU：當理髮師的二兒子右手拿剃刀、左手拿肥皂泡，追上一隻野兔。

· 面值1LEU：三兒子勤練劍術。

（郵票實際尺寸：圖片尺寸=1：1.5）

· 面值1LEU：三兒子在爸爸前面表演劍術，身
　上都沒沾到雨滴。

羅馬尼亞郵政（POSTA ROMANA）在1985年11月20日發行，紀念格林兄弟誕生200周
年，圖案主題選用格林童話中的「三兄弟」故事情節，圖案左下角是格林兄弟頭像，卜
邊印「„CEI TREI FRAȚI"DE FRAȚII GRIMM」即「三兄弟、格林兄弟」之意。

· 小全張面值5LEI：三兄弟到年老還住在同一棟房子，過著幸福的生活，分別在
拉提琴、吹直笛、拉手風琴，其樂融融。右邊的柱子吊著一塊「擊劍課程」
（Fencing Lessons）的看板，門柱上一個紅白色相間的滾筒表示二兒子開的理
髮店，房子外牆掛著兩塊馬蹄鐵表示大兒子開的打鐵舖。

屋裏一樣。父親見了大驚，說：「你的本領功夫最精湛，房子理當歸你啦！」

由於三兄弟的感情很好，兩位哥哥對比賽的結果也口服心服。他們並不計較房子該屬於誰，彼此不願分開，於是都留在這棟房子裏。由於他們各自有好功夫，於是賺了很多錢，一同過著幸福的生活，直到年老。最後兄弟中的一個得病先去世了，其他兩位悲傷不已，不久也相繼去世，因為他們三人在生前手足情深、不分彼此，所以當地的人於是就把他們埋葬在同一個墳墓裏。●

王華南郵世界 01　PE0044

✳ 要有光　愛上集郵的第一本書
FIAT LUX
——從郵票看格林童話

作　　　者	王華南
責任編輯	劉　璞
圖文排版	李孟瑾
封面設計	李孟瑾

出版策劃	要有光
製作發行	秀威資訊科技股份有限公司
	114 台北市內湖區瑞光路76巷65號1樓
	電話：+886-2-2796-3638　傳真：+886-2-2796-1377
	服務信箱：service@showwe.com.tw
	http://www.showwe.com.tw
郵政劃撥	19563868　戶名：秀威資訊科技股份有限公司
展售門市	國家書店【松江門市】
	104 台北市中山區松江路209號1樓
	電話：+886-2-2518-0207　傳真：+886-2-2518-0778
網路訂購	秀威網路書店：http://www.bodbooks.com.tw
	國家網路書店：http://www.govbooks.com.tw
法律顧問	毛國樑　律師
總 經 銷	易可數位行銷股份有限公司
	地址：新北市新店區寶橋路235巷6弄3號5樓
	電話：+886-2-8911-0825　傳真：+886-2-8911-0801
	e-mail：book-info@ecorebooks.com
	易可部落格：http://ecorebooks.pixnet.net/blog

出版日期	2013年06月　BOD一版
定　　價	380元

國家圖書館出版品預行編目

愛上集郵的第一本書：從郵票看格林童話 / 王華南著.
-- 一版. -- 臺北市：要有光，　2013. 06
　　面；　公分. -- (王華南郵世界 ； 1)
　BOD版
　ISBN 978-986-88394-0-3 (平裝)

1.郵票

557.647　　　　　　　　　　　　　102004702

讀者回函卡

感謝您購買本書，為提升服務品質，請填妥以下資料，將讀者回函卡直接寄
回或傳真本公司，收到您的寶貴意見後，我們會收藏記錄及檢討，謝謝！
如您需要了解本公司最新出版書目、購書優惠或企劃活動，歡迎您上網查詢
或下載相關資料：http:// www.showwe.com.tw

您購買的書名：＿＿＿＿＿＿＿＿＿＿＿＿＿＿＿＿＿＿＿＿＿＿＿

出生日期：＿＿＿＿＿年＿＿＿＿月＿＿＿＿日

學歷：□高中 (含) 以下　　□大專　　□研究所 (含) 以上

職業：□製造業　□金融業　□資訊業　□軍警　□傳播業　□自由業
　　　□服務業　□公務員　□教職　　□學生　□家管　　□其它＿＿＿＿

購書地點：□網路書店　□實體書店　□書展　□郵購　□贈閱　□其他

您從何得知本書的消息？

　　□網路書店　□實體書店　□網路搜尋　□電子報　□書訊　□雜誌
　　□傳播媒體　□親友推薦　□網站推薦　□部落格　□其他＿＿＿＿＿＿

您對本書的評價：（請填代號　1.非常滿意　2.滿意　3.尚可　4.再改進）

　　封面設計＿＿＿　版面編排＿＿＿　內容＿＿＿　文／譯筆＿＿＿　價格＿＿＿

讀完書後您覺得：

　　□很有收穫　□有收穫　□收穫不多　□沒收穫

對我們的建議：＿＿＿＿＿＿＿＿＿＿＿＿＿＿＿＿＿＿＿＿＿＿

＿＿＿＿＿＿＿＿＿＿＿＿＿＿＿＿＿＿＿＿＿＿＿＿＿＿＿＿＿

＿＿＿＿＿＿＿＿＿＿＿＿＿＿＿＿＿＿＿＿＿＿＿＿＿＿＿＿＿

11466
台北市內湖區瑞光路 76 巷 65 號 1 樓

秀威資訊科技股份有限公司　　　收

BOD 數位出版事業部

....

（請沿線對折寄回，謝謝！）

姓　　名：＿＿＿＿＿＿＿＿　年齡：＿＿＿＿　性別：□女　□男

郵遞區號：□□□□□

地　　址：＿＿＿＿＿＿＿＿＿＿＿＿＿＿＿＿＿＿＿＿

聯絡電話：(日) ＿＿＿＿＿＿＿＿＿＿　(夜) ＿＿＿＿＿＿＿＿＿＿

E - m a i l：＿＿＿＿＿＿＿＿＿＿＿＿＿＿＿＿＿＿＿＿